WALTER HAACKE

Orgeln in aller Welt

Organs of the World · Orgues du monde entier

Karl Robert Langewiesche Nachfolger

Hans Köster Königstein im Taunus

Bild der Einbandvorderseite: HAARLEM. Nederland. Grote of St. Bavokerk. 1735–1738. Christian Müller. 1961 restauriert von – restored by – restauré par – Marcussen, Apenrade. Denkwürdig durch den jährlich stattfindenden internationalen Organistenwettstreit. – Memorable for the annual international organists' competition. – Remarquable par le concours international des organistes, qui s'y célèbre tous les ans. – (Obermayr.)

Bild der Einbandrückseite: ROTTENBUCH. Bayern. Bundesrepublik Deutschland. Ehemalige Klosterkirche. – Formerly Monastery Church. – Autrefois Eglise Abbatiale. – 1747. – Balthasar Freiwiß, Aitrang.

Bild der Titelseite: DOMANIEVICE, Lódz, Polska. R. L. St. Bartholomeus, ca. 1765.

BILDERNACHWEIS

FARBTAFELN: Photographie Giraudon, Paris: S. 28. – Grønlunds Forlag, København: S. 10. – Orgelbau Th. Kuhn, Männedorf/Schweiz: S. 78. – Dalibor Kusák, Prag: S. 77. – Linda Color Bovey & Cie., Genève: S. 9. – Società Scala, Antella-Firenze: S. 27. – Toni Schneiders, Lindau: Einband-Rückseite, S. 88. – Schöning & Co., Lübeck: S. 87. – Machiel Vennik, Haarlem: Einband-Vorderseite.

ACL., Brüssel: S. 29, 35, 60. – Alinari, Florenz: S. 33, 57. – Ampliaciones y Reproducciones MAS, Barcelona: S. 31. – Antikvarisk Topografiska Arkivet, Stockholm: S. 5. – Archives Photographiques, Paris: S. 23, 24, 32, 46. – Lala Aufsberg, Sonthofen: S. 89, 90. – F. Barsotti, Florenz: S. 22. – Bavaria-Verlag (Klaus Meier-Ude), Gauting: S. 19. – Frans van den Bichelaer, Geldrop: S. 42. – E. Power Biggs, Cambridge, Mass.: S. 95. – Bildarchiv der Österreichischen Nationalbibliothek, Wien: S. 72. – British Travel and Holiday Association, London: S. 54. – Aleksander Brozyna, Warschau: S. 1. – Bundesdenkmalamt, Wien: S. 47. – Deutscher Kunstverlag, München: S. 36, 71. – Rev. B. B. Edmonds, Cambridge, England: S. 38, 61. – Essex Institute, Salem, Mass.: S. 93. – Fabbrica del Duomo di Milano: S. 26. – Emil Fischer, Hermannstadt/Sibiu: S. 55. – Bildarchiv Foto Marburg: S. 37, 50, 64, 66, 69. – Friebel A.G., Sursee/Schweiz: S. 68. – Niels Friis, Kopenhagen: S. 52, 62. – Th. Frobenius & Co., Lyngby-Kopenhagen: S. 43. – Interfoto MTI, Budapest: S. 45. – Johann-Gottfried-Herder-Institut, Marburg: S. 56. – Klosterverwaltung Weingarten: S. 82. – Dr. W. Kok, Schipluiden: S. 20. – Ole Rasmus Krag, Oslo: S. 74. – Wilhelm Krenzien, Lüneburg: S. 25. – Landesamt für Denkmalpflege Schleswig-Holstein, Kiel: S. 84. – Landesverkehrsverband Hessen, Rüdesheim: S. 16. – André Laporte, Paris: S. 21. – Van Leer's Fotodrukindustrie N.V., Amsterdam: S. 49. – Willy Müller, Gottlieben, Schweiz: S. 73. – Erich Müller, Kassel: S. 6, 34, 63. – Nationalhistoriske Museum paa Frederiksborg, Hillerød: S. 39. – Nationalmuseum, Kopenhagen: S. 51. – Petterson-Foto (Evert Mattson), Malung, Schweden: S. 75. – Polska Akademia Nauk, Warschau: S. 59, 83. – Rijksdienst voor de Monumentenzorg, den Haag: S. 48. – Schloßverwaltung zu Innsbruck und Ambras, Innsbruck: S. 7. – Studi Fotofast, Bologna: S. 94. – Studio Jean-Paul, Guebwiler: S. 70. – Dr. Sándor Vass, Tihany: S. 92. – A. Villani & Figli, Bologna: S. 17. – Heinz Vössing, Münster i. W.: S. 13, 15, 30, 65, 76, 80, 81, 91, 96. – Wallfahrtskirche der Madonna von Tirano: S. 40. – Roger Yates, Michaelstowe, Bodmin: S. 18, 53.

Mit freundlicher Erlaubnis des Verfassers wurden dem Buch:
»Pál Kelemen, Baroque and Rococo in Latin-America« folgende Bilder entnommen: S. 41, 44, 58, 67, 79, 85, 86.

Übersetzungen: Englisch: Marcus Wells, Wiesbaden. – Französisch: Dr. Albert Barrera-Vidal, Wiesbaden.

Schrift: Linotype-Optima. Klischees: F. Bruckmann K.G., München.
Satz und Druck: J. F. Steinkopf KG, Stuttgart. Einband: Josef Spinner, Ottersweier.
 Printed in Germany
21.–27. Tausend. ISBN 3-7845-3051-6

ORGELN

Im Altertum war die Orgel ein kleines tragbares Instrument und diente der weltlichen Musik am Hof und im Zirkus. Die Orgel, die Pippin von Franken im Jahre 757 von einer byzantinischen Gesandtschaft überbracht wurde, fand im Palast Aufstellung. Die römische Kirche war wie die orthodoxe, die nur Sänger duldet, der Instrumentalmusik zunächst abgeneigt. So währte es lange, bis die Orgel in den abendländischen Kirchen ihre Aufgabe fand. Dann aber ist sie in wenigen Jahrhunderten zum gewaltigsten der Instrumente gewachsen und wird Königin von allen genannt.

Die Orgel gilt mit ihrer kunstvollen Mechanik, mit der Vielzahl ihrer Pfeifen als Wunderwerk. Im Kennerkreis ehrt man ihren Erbauer, preist man ihren Spieler, der den Augen verborgen ist. Das Volk sagt: die Orgel spielt. Das klingt geradeso wie: die Sonne scheint, es stürmt, es regnet. So wird der Klang der Orgel den Geheimnissen der Natur, den göttlichen Geheimnissen an die Seite gesetzt. Gemäß ihrer theologischen Würde erhält das Gehäuse der Orgel, auch Prospekt oder Struktur genannt, die gleiche Zier wie der Altar, der das Allerheiligste birgt, und die Kanzel, von der Gottes Wort verkündigt wird. Maler, Goldschmiede, Bildschnitzer wetteifern mit ihrer Kunstfertigkeit bei der Verschönerung des Instrumentes, das wohl auch die zweite Kanzel genannt wird im gleichen Sinne, wie man Bach als größten Meister der Orgelmusik den Fünften Evangelisten genannt hat.

Die ältesten heute noch vorhandenen Orgelgehäuse stammen aus der zweiten Hälfte des 14. Jahrhunderts. Längst hatte das Instrument seine Funktionen bei der Ausführung der Festtagsliturgie in großen Kirchen übernommen. Solange die Orgel dem Volk unsichtbar bei den Sängern am Chorgestühl aufgestellt war, konnte der Orgelbauer die Pfeifen der Größe nach auf die Windlade und diese in einen tragbaren Kasten stellen, dessen Türen zum Spiel geöffnet wurden (5). Die Verzierung des Kastens war Sache des Malers. Sobald aber das vergrößerte Instrument seinen besonderen Platz sichtbar auf einer Empore (15) oder an der Wand des Schiffes als »Schwalbennest« (9) erhielt und dadurch zur Architektur der Kirche in Beziehung trat, begann man die Schauseite künstlerisch zu gestalten. Die asymmetrische Anordnung der Prospektpfeifen in einer einzigen ansteigenden Kurve wäre für den Orgelbauer die bequemste. Je länger aber die Pfeifenreihe bei Vergrößerung des Instrumentes wird, um so unbefriedigender würde ihr Anblick. Die Unterbringung der Pfeifenmenge wird zum Problem. Um das Gehäuse auch den Maßverhältnissen des Kirchenraumes anzupassen, sucht man neue Lösungen. Man verteilt die Pfeifen auf mehrere Felder (9) und Stockwerke (17) in symmetrischer Anordnung, deren Grundform der Pyramidenschnitt ist. Solche Pyramiden werden neben- und übereinandergestellt, manchmal auch kopfunter (58) oder gar schräg (68). Eine weitere Möglichkeit zur Belebung des Feldes
A ist die Ordnung der Labien* entweder in gleicher Höhe
N (9, 17, 19 im Hauptwerk*, 22, 30 usf.) oder im Gegensinn der Pyramide oder in Kurven (18, 19 im Rückpositiv*, 20, 21). Auch der Kunstschmied hilft die Pro- E
spektpfeifen verschönern (17, 20, 31, 33, 81), vereint mit den Malern und Vergoldern, die das Labium zum Maul eines phantastischen Kopfes machen, oder die Länge der Pfeife mit Ornamenten schmücken (19, 25, 39, 50, 62, 65, 69, 76, 86). Die von den Pfeifen leergelassenen Stellen des Feldes geben dem Holzschnitzer Gelegenheit zur Kunstentfaltung. Gardinen oder Gespreng heißen diese Füllungen (17 usf.). Bei der Gestaltung des Gehäuses arbeitet der Holzbildhauer am engsten mit dem Orgelbauer zusammen, der seinerseits ein Universalgenie sein muß als Tischler, Metallarbeiter, Mathematiker und Physiker.

Es muß dem Leser überlassen werden, sich in Einzelheiten des bildnerischen Schmuckes zu vertiefen, der sich nach Stilepochen und völkischen Eigenarten verändert. Hier soll versucht werden, die Gesamterscheinung des Orgelgehäuses an einigen Beispielen zu betrachten.

Es ist wohl schon aufgefallen, daß die horizontale Anordnung der Pfeifenmäuler als Merkmal einer Baugesinnung, die in der Antike wurzelt und in der Renaissance blüht, zumeist in romanischen Ländern anzutreffen ist: in Italien, Malta, Spanien, Portugal, Peru, Mexico, Brasilien. Diese Anordnung ist dem Gesamtaufbau des horizontal ausgerichteten Gehäuses zugehörig, das von der ältesten Kastenform aus mehr in die Breite als in die Höhe wächst. Auch die Front bleibt flach. Den einfachen Umrissen dieses »Italienischen« Typs entspricht ein gleichmäßiger flötenhafter Klang, dessen Register* von nur einem Manual* regiert werden. B / C

Welch völlig anderen Anblick bietet dagegen die Orgel in Jutfaas (20)! Schon im Grundriß springt ihr Gehäuse wie ein gotischer Chor mit Kapellenkranz über das Rechteck des Kastens heraus. Die Horizontale wird verleugnet. Der Vergleich von Florenz (22) und Caudebec (23) macht den Gegensatz noch deutlicher, den man auch gut an Lüneburg (25) studieren kann. Allerdings stammen die Teile des Lüneburger Prospektes aus verschiedenen Epochen. Im Hauptwerk, dem Kernstück, ist noch das Rechteck der alten Kastenform festzustellen. Aber auch dort sind bereits die Gesetze der Horizontale, der Renaissance, durchbrochen durch den Mittelturm. Die Bekrönungen sind weitere Bestätigung für das Formgefühl eines Orgelbauers, der in das gotische Kirchengewölbe hineinbaut und nicht die flache Decke einer italienischen Basilika über sich hat (57). Das Lüneburger Hauptwerk erfährt 1713 seine Ergänzung durch zwei flankierende Pedaltürme* und das Rückpositiv im M
Rücken des Spielers, der sein Gesicht dem Hauptwerk zuwendet. Damit wird die Orgel zur »Werkorgel«, die aus mehreren Werken zusammengesetzt ist. Ein Blick nach Chartres (24) hinüber läßt den Typ der Werkorgel in einheitlichem Stil mit noch weit bewegteren Gehäuseumrissen voll ausgebildet erkennen. Bei aller Schönheit des Italienischen Typs ist zu bemerken, daß im Norden weit phantasievollere Orgelprospekte ge-

baut werden. Nicht nur aus gotischer Baugesinnung heraus, sondern auch aus musikalischen Gründen. Die Erfindung neuer Register, die nicht nur den Klang der Flöten, sondern auch den Klang von Schalmeien, Trompeten, Posaunen, Geigen und aller Instrumente der Spätgotik und Renaissance samt der menschlichen Stimme nachahmen wollen, führt dazu, diese in ihrer Aufstellung zu trennen. Die Baßpfeifen, die vom Pedal-
F klavier* gespielt werden, sondern sich in Seitentürmen ab. Das Rückpositiv wird klanglich gegen das Hauptwerk ausgespielt. Das Bestreben, die Orgel in weitere unterschiedliche Klangkörper aufzuspalten, die dennoch auf den Gesamtklang ausgerichtet sind, führt später in der Barockzeit dazu, daß das Hauptwerk von einem Ober-
G / H / I werk*, einem Brustwerk*, einem Kronwerk* (Einband-Rückseite), Pedaltürmen und gar mehreren Rückpositiven umgeben wird (51, 59, 68, 82, 89). Mit drei, vier, fünf Manualen und Pedal regiert der Organist alle diese Werke. Hier erklingt in Form und Klangfarbe eine viel differenziertere Musik als auf dem Italienischen Typ, wie man das etwa beim Vergleich der Kompositionen der gleichaltrigen Meister Dietrich Buxtehude in Lübeck und Bernardo Pasquini in Rom erkennt.

Eine Steigerung anderer Art in der Entwicklung des Orgelgehäuses ist die Doppelorgel. In den Episcopal- und Kapitelkirchen Spaniens wird vom 15. Jahrhundert an in dem Langhausjoch, das zwischen dem Altar und der Vierung liegt, über dem Chorgestühl der singenden Kleriker je eine Orgel aufgebaut. Sie entsprechen als Evangelienorgel (Nordseite) und Epistelorgel (Südseite) dem Wechselgesang der Chorhälften. Jede der beiden Orgeln hat zwei Schauseiten, vorwärts ins Schiff, rückwärts in den Chorumgang (80). Die schmale Grundfläche zwischen den Pfeilern treibt den Aufbau in die Höhe. Raummangel führt auch wohl zur Erfindung der horizontal aus dem Prospekt herausragenden Trompetenregister, die – in ihrer Anordnung der Batterie eines Kriegsschiffes vergleichbar – schmetternden Klang in riesige Kirchenräume blasen (30, 31, 58, 65, 67, 76, 81, 96). Man findet Doppelorgeln in den Kathedralen Spaniens, Portugals und deren ehemaligen Kolonialländern, aber auch in Italien (26). An Pracht und Aufwand übertrifft solch ein Orgelpaar die Orgeln fast aller Länder.

Liturgische Bedürfnisse führen übrigens in den Klosterkirchen Süddeutschlands, Österreichs und Polens im 18. Jahrhundert zur Anlage zweier kleinerer Chororgeln im Osten außer der Hauptorgel im Westen. So in Weingarten, St. Florian, Leżajsk. (In unserer Bildfolge nicht gezeigt.) In der liturgiearmen protestantischen Predigtkirche dagegen vereinigt man gelegentlich Altar, Kanzel und Orgel übereinander zu einer Baugruppe (84). Ein Blick auf Weingarten (82) zeigt, daß zur gleichen Zeit der Orgelbauer genötigt wird, das Gehäuse den Ideen des Kirchenarchitekten anzupassen. Die Zerrissenheit des Prospektes stellt den Orgelbauer vor ein kompliziertes technisches Problem. Er muß ja mit einer Mechanik, die aus Holzleisten und Drähten besteht, die Verbindung zwischen Taste und Pfeifenventil herstellen. Gabler hat es verstanden, diesem das Auge faszinierenden Gehäuse ein klanglich gleichwertiges Werk einzuverleiben. Es funktionierte gut mit Ausnahme des vom Spieltisch am weitesten entfernten Kronwerkes, das erst durch die moderne Technik einwandfrei spielbar gemacht wurde.

Der barocke Überschwang der Gehäusearchitektur und des Dekors wird früher (64, 84) oder später (93) zur Einfachheit, zur Versammlung aller Pfeifen im gemeinsamen Gehäuse zurückgeführt. Besteht eine Toccata von Muffat oder eine Fuge von Buxtehude aus mehreren, deutlich getrennten Teilen, so läßt Bach die seinigen ohne Einschnitte dahinfließen. Die oft schon bizarre Gegensätzlichkeit der Register wird auch auf einen einheitlicheren Gesamtklang reduziert.

Verschiedene Kräfte wirken auf die Entwicklung der Orgel ein. Der Gottesdienst stellt die ältesten Ansprüche und erneuert und variiert sie stetig im Wechsel mit dem Komponisten. Im Mittelalter spielt die Orgel abwechselnd mit dem Sängerchor liturgische Stücke. Doch hat man schon vom Jahre 1365 die Nachricht, daß sie in einem Kloster den Brüdern zum Trost gespielt wurde. Also ein künstlerisches Moment, dem durch die damals schwerfällige Spielart freilich Grenzen gesetzt waren. Im 16. Jahrhundert haben sich die nunmehr leichtgehenden Tasten so vermehrt, daß man vielstimmig und geläufig spielen kann: Toccaten, Ricercare, Motetten. Das Musikantentum wuchert mit seinem Pfunde und ist unbekümmert genug, weltliche Musizierformen, Tänze und Lieder, auf die Orgel zu übertragen, so daß das Tridentinische Konzil einschreitet, während die Kalvinisten die kostbaren Instrumente als papistischen Greuel zertrümmern. Hier tritt der Zwiespalt zutage, in den die Orgel gerät als immer reicher entwickeltes Instrument. Einst als Magd dienend und dem Chor gleichgeordnet, drängt sie sich je länger je mehr im Reich der durch liturgische Melodien nicht gebundenen Instrumentalmusik zur Herrschaft.

Anfeindungen durch das Kirchenregiment der Konfessionen, deren keine übrigens die Mitwirkung der Orgel kirchenrechtlich verankert hat, vermochten weder den Erfindungsgeist der Orgelbauer zu hemmen, noch die lange Reihe der Komponisten und Spieler zu unterbrechen. Sie geht von Hofhaimer, dem Organisten Kaiser Maximilians um 1500, über den Engländer Tallis, den Spanier Cabezón, den Holländer Sweelinck, den Franzosen Titelouze, den Portugiesen Coelho, den Italiener Frescobaldi, den Deutschen Scheidt zu Couperin, Pachelbel, Muffat, Čzernohorsky, Buxtehude und bis zum Meister aller Meister Sebastian Bach. Erst der musikalische Stilwandel, der um die Mitte des 18. Jahrhunderts einsetzt und der schon Bachs Sohn Philipp Emanuel die Orgel vernachlässigen läßt, bringt ihre königliche Stellung ins Wanken. Ihrem Klang sind mechanische Grenzen gesetzt hinsichtlich der expressiven Dynamik, des An- und Abschwellens auch eines einzigen Tones, worin die neuartige Musik schwelgte. Die konzertierende Orgel, die im Barock im Zentrum der Musikübung stand, wird isoliert. Sie zieht sich treu auf den Gottesdienst zurück. Sogar die Kalvinisten, die sie verdammten, nehmen sie wieder in ihren Kultus auf. Nicht ohne Absicht ist die elegante Kabinettorgel des Musikliebhabers (94) der frommen Begleiterin des Gemeindegesanges im Betsaal (95) gegenübergestellt.

Etwa auf die »königliche Zeit« der Orgel beschränkt sich die Auswahl unserer Bildfolge. Die Prospekte stehen dem Betrachter vor Augen, als ob hinter ihnen das gleichwertige zeitgenössische Pfeifenwerk erklingen könnte. Selten ist letzteres unverändert erhalten (39). Auch existieren einige der abgebildeten Gehäuse nicht mehr. Dem Wissenschaftler wird eine Reihe geboten, die er bei kritischem Urteil für nur eine von vielen Möglichkeiten halten wird. Dem Verfasser wurde die Auswahl schwer aus dem sehr umfangreichen Material, dessen Sammlung er der liebenswürdigen Hilfe der Organologen vieler Länder und der Großzügigkeit des Verlages verdankt. Doch hat er eigene organologische Einwände leichter genommen bei dem Gedanken, daß er nicht eine Beispielsammlung für ein Lehrbuch, sondern ein Bildbuch zur Freude aller Menschen machen wollte, die der Orgel Interesse, Ehrfurcht, Andacht und Liebe entgegenbringen. Es freut ihn, daß die historische Reihenfolge der Bilder Orgeln aus entfernten Ländern gegenüberstellt. Es geht ihm nicht darum, die Leistung eines Volkes gegen die eines anderen in kritischen Vergleich zu setzen, sondern vielmehr ein

LAUDAT DOMINUM OMNIS TERRA IN ORGANIS

als Res christiana vor Augen zu führen. So wird man neben der Kathedrale den Betsaal, neben der hölzernen Dorfkirche das prunkvolle Münster finden, neben höchster Pracht schlichte Bescheidenheit. Aber alle diese Orgeln in allen diesen verschiedenen Kirchen in allen diesen Ländern haben mit ihrem Klang die Herzen der Menschen gerührt und rühren sie noch heute.

ORGANA DECANTANT CHRISTI LAUDESQUE DECUSQUE
ET RECREANT VARIIS PECTORA NOSTRA SONIS

Der Verfasser hofft, jedem Leser Anregung und Freude am großen Gebiet des Orgelwesens zu verschaffen, die er seinerseits vorzüglich drei Männern verdankt, die 1925 beim Beginn der ORGELBEWEGUNG in seinen Gesichtskreis traten und deren Andenken er das Buch widmet: WILIBALD GURLITT † 1963 + FRITZ HEITMANN † 1953 + HANNS HENNY JAHNN † 1959.

Stockholm. Sverige. Statens historika museum, ca. 1370
Leeres Orgelgehäuse aus Sundre, Gotland, von mester Werner in Brandborgh. – Empty organ case from Sundre, Gotland, by mester Werner in Brandborgh. – Buffet d'orgue vide provenant de Sundre, Gotland, oeuvre du maître-organier Werner in Brandborgh.

Die Buchstaben am Rande des Textes sind Hinweise auf das kleine ABC der Orgel.

KLEINES ABC DER ORGEL

Die Orgel besteht aus drei Teilen: dem Gebläse (Bälge,
Windkanäle, Windlade), den Pfeifen und dem Regier-
werk, das vom Spieltisch betätigt wird. Der Spieltisch
F enthält die Klaviere* mit den Tasten für die Hände
C / D (Manual*) und für die Füße (Pedal*), sowie die Register-
B züge*. Die Tasten und Registerzüge sind mit der Wind-
lade, auf der die Pfeifen stehen, durch Hebelmechanik,
K / L Preßluft* oder elektrischen Draht* verbunden. Die Pfei-
fen unterscheiden sich nach ihrer Bauart in Lippen-
A (Labial-*)pfeifen und Zungen-(Lingual-)pfeifen. Die Lippenpfeife besteht aus dem röhrenförmigen Pfeifenkörper, der unten vom Kern zwerchfellartig bis auf eine Spalte geschlossen ist, den das Ober- und Unterlabium umgibt. Darunter ist der Pfeifenfuß. Die Tonerzeugung geht wie bei der Blockflöte vor sich. Je nach Größe, Gestalt (zylindrisch, konisch, offen, gedeckt) und Material (Blei, Zinn, Kupfer, verschiedene Holzarten) entsteht der Klangcharakter: Prinzipal (Hauptpfeife), Flöte, Viola usw. Dasselbe gilt für die Zungenpfeife, die als Trompete, Posaune, Oboe usw. konstruiert werden kann. Tonhöhe und Klangcharakter wird durch eine schwingende Messingzunge und den Aufsatz bestimmt. Die Tonerzeugung geht ähnlich wie bei der Klarinette vor sich. Von jeder Art (also Flöte, Trompete usw.) gibt es geradesoviel Pfeifen, wie das Manual oder das Pedal Tasten
hat. Bei den sog. Mixturen sogar mehrere für eine Taste.
Jede Art bildet von der größten bis zur kleinsten, von
der tiefsten bis zur höchsten Pfeife ein Register*. Jedes B
Klavier hat mehrere Register. Die zweckmäßige Zutei-
lung und Anordnung aller Register auf ein oder mehrere
Manuale und Pedal heißt Disposition. Das Pedal* über- D
nimmt in der Orgelmusik meist den Baß. Die Pfeifen
werden ihrer Größe wegen in Pedaltürmen* unterge- M
bracht. Durch die Manuale* werden die übrigen Teile C
der Orgel betätigt: das Hauptwerk*; das darüberlie- N
gende Oberwerk*; das Rückpositiv*, das im Rücken des G / E
Spielers, stets im eigenen Gehäuse vom Hauptwerk ge-
trennt, steht; das Brustpositiv*, vor der Brust des Spie- H
lers und gewissermaßen in der Brust des Hauptwerkes
unmittelbar über dem Spieltisch gelegen; das Kron-
positiv*, welches noch über dem Oberwerk angebracht I
ist. Jeder Orgelteil hat gemäß seiner musikalischen Aufgabe (Vollklang, Echo, Melodieführung, Begleitung) seine Disposition, die auf die Gesamt-Disposition der Orgel abgestimmt ist. Auf sie werden alle Register in Klangfarbe und Lautstärke bezogen. Das Hauptregister, Prinzipal oder Prestant genannt, steht sichtbar als Zierde vorn im Gehäuse. Dahinter stehen die anderen Register. Die Pfeifenzahl schwankt von Hunderten bis zu Tausenden je nach der Größe der Orgel.

Marburg/Lahn. Hessen. Bundesrepublik Deutschland. Museum. 1620.

Gehäuse von – case by – buffet de – Wiegand Althefer.

In olden days the organ was a small portable instrument and was used for the secular music at Court and in the circus. The organ which was brought to the Frankish King Pippin in the year 757 by a Byzantine delegation was set up in the palace. The Roman Church was, like the Orthodox Church, which only allowed singers, at first unfavourable towards instrumental music. So it was a long time before the organ found its place in the Western churches. Then, however, it grew in a few centuries to be the most powerful of instruments and is called the King of Instruments.

The organ, with its ingenious mechanism and multitude of pipes, is regarded as a wonder. In knowledgeable circles its builder is respected, its player, hidden from sight, is praised. The people say that it is the organ which is playing. This is just like saying the sun is shining or it is raining. So the sound of the organ is placed on a level with the mysteries of Nature, the divine mysteries. In accordance with its theological dignity, the housing of the organ, called the organ case, receives the same ornamentation as the altar, which contains the Holy of Holies, and the pulpit, from which the Word of God is proclaimed. Painters, goldsmiths, woodcarvers compete in their artistry to beautify the instrument which is no doubt called the second pulpit in the same sense as Bach, the greatest master of organ music, has been called the fifth Evangelist.

The oldest extant organ cases date from the second half of the fourteenth century. The instrument had long since taken up its functions in the performance of the festal liturgy in large churches. As long as the organ was erected in the choir stalls among the singers, invisible to the congregation, the organ builder could arrange the pipes in order of size on the windchest, which he enclosed in a portable box, the doors of which were opened for playing (5). The decoration of the box was the task of the painter. However, as soon as the enlarged instrument received its special place visible to all on a loft (15) or on the wall of the nave as a "swallow's nest" (9) and thereby became a part of the architecture of the church, the side open to view began to be shaped artistically. The asymmetrical arrangement of the display pipes in a single rising curve is the easiest for the organ builder. But, with the increased size of the instrument, the longer the row of pipes becomes, the less satisfying is the visual effect. The accomodation of the large number of pipes becomes a problem. In order to suit the case to the proportions of the church, new solutions are sought. The pipes are divided into several compartments, called flats (9), and tiers (17) in symmetrical arrangement, the basic form of which is the pyramidal section. Such pyramids are placed beside and above one another, sometimes facing downwards (58) or even slanting (68). A further means of enlivening the flat is
the arrangement of the pipe mouths* either all on the A
same level (9, 17, 19 in the Hauptwerk*, 22, 30 etc.) or N
in contrary motion with the pyramid or in curves (18,
19 in the Rückpositiv*, 20, 21). Also the tinsmith helps E
to beautify the display pipes (17, 20, 31, 33, 81) in co-operation with the painters and gilders, who transform the mouth of the pipe into the mouth of a fantastic head or decorate the length of the pipe with ornamentation (19, 25, 39, 50, 62, 65, 69, 76, 86). The spaces left empty between the pipes and the casing give the woodcarver an opportunity to display his art. These grilles are called pipe shades (17, etc.). In the design of the casework the wood sculptor works in close co-operation with the organ builder, who for his part must be a universal genius as carpenter, metal worker, mathematician and physicist.

It must be left to the reader to examine in detail the pictorial decoration, which varies according to period and national peculiarity. Here the attempt is being made to examine the phenomenon of the organ case by means of a few examples. No doubt it has already been noticed that the horizontal arrangement of the pipe mouths, as a characteristic of an architectural principle which is rooted in antiquity and flourishes in the Renaissance, is mostly found in Latin countries: in Italy, Malta, Spain, Portugal, Peru, Mexico, Brazil. This arrangement belongs to the horizontal construction of the whole, which, from the oldest box form, grows in width rather than height. The front, too, remains flat. Corresponding to the simple outlines of this "Italian" type,
the organs have an even, flute-like tone whose stops* B
are all on one manual*. C

What a completely different picture is presented by the organ in Jutfaas (20). The plan view shows that the case overlaps the square shape of the box like the row

of bay chapels round a Gothic chancel. The horizontal is broken up. A comparison between Florence (22) and Caudebec (23) makes the contrast even clearer, which can also be studied in the example from Lüneburg (25), although the parts of the Lüneburg display front are from different periods. In the Hauptwerk, the centrepiece, one can still recognize the right angle of the old box shape. But there, too, the laws of the horizontal, of the Renaissance, are already broken by the central tower. The coronal structures are further confirmation of the feeling for form of an organ builder who is building into Gothic arches and does not have the flat roof of an Italian basilica above him (57). The Lüneburg Haupt-
M werk has added to it in 1713 two flanking pedal towers* and the Rückpositiv at the back of the player, who faces the Hauptwerk. In this way the organ becomes a "Werk" organ, an organ consisting of different departments. A glance at Chartres (24) shows in perfected form this type of organ in uniform style with even more exciting outlines. In spite of the beauty of the Italian type, it must be noted that much more imaginative display fronts are built in the North. Not only from Gothic ideas of architecture but also for musical reasons. The invention of new stops, which not only imitate the sound of the flutes but also the sound of shawms, trumpets, trombones, violins and all the instruments of the Late Gothic and Renaissance as well as the human voice, leads to their being grouped separately. The bass
F pipes, which are played from the pedalboard*, are separated off in side-towers. The Rückpositiv is played off tonally against the Hauptwerk. The endeavour to split up the organ into further different tonal bodies which nevertheless fit into the total tonal structure leads later on in the Baroque period to the Hauptwerk's being sur-
G/H/I rounded by an Oberwerk*, a Brustwerk*, a Kronwerk* (backside), pedal towers and even several Rückpositivs (51, 59, 68, 82, 89). With three, four, five manuals and pedal the organist controls all these departments. The music here is in form and tone colour much more differentiated than that for the Italian type, as can be seen, for instance, by a comparison between the compositions of the contemporary masters Dietrich Buxtehude in Lübeck and Bernardo Pasquini in Rome.

A climax of a different kind in the development of the organ case is the double organ. In the Episcopal and Chapter Churches of Spain from the fifteenth century onwards, an organ was built in the main aisle transom, which lies between the altar and the intersection of the nave, above the choir stalls of the singing clergy on either side. They correspond, as Gospel organ (north side) and Epistle organ (south side), to the antiphonal singing of the two choir halves. Each of the two organs is visible on two sides, forwards into the nave, backwards into the ambulatory (80). The narrow space between the pillars forces the structure upwards. Lack of space no doubt also leads to the invention of the trumpet stops standing out horizontally from the display front, which – arranged similarly to the battery of a man-o'-war – send their martial sounds blaring down huge churches (30, 31, 58, 65, 67, 76, 81, 96). Double organs are found in the cathedrals of Spain, Portugal and their colonies, but also in Italy (26). For splendour and magnificence such a pair of organs surpasses the organs of nearly any country.

Innsbruck. Österreich. Silberne Kapelle. 1614

Organo di legno – Holzpfeifenorgel – Unbekannter, wahrscheinlich italienischer Meister. Pedal später hinzugefügt. – Unknown probable italian organ builder. Pedal later added. – Organier inconnu, présumable italien. Pédalier ajouté plus tard.

Liturgical requirements, moreover, lead in the monastic churches of Southern Germany, Austria and Poland in the eighteenth century to the setting up of two smaller choir organs at the east end in addition to the main organ at the west end. This is the case in Weingarten, St. Florian, Leżajsk (not shown in our picture series). In the liturgically poorly provided Protestant Church, on the other hand, sometimes the altar, pulpit and organ are joined one above the other to a single architectural group (84). A look at Weingarten (82) shows that at the same time the organ builder is forced to fit the organ case to the ideas of the church architect. The ragged outline of the display front poses the organ builder a complicated technical problem, for he has to provide a connection between key and pallet with a mechanism consisting of narrow wooden laths and lengths of wire. Gabler understood how to incorporate in this visually fascinating casework a tonally equivalent instrument. It worked well with the exception of the Kronwerk, being farthest away from the console, and it was not until the advent of modern techniques that it was possible to make it satisfactorily playable.
The Baroque exuberance of casework architecture and ornament goes over sooner (64, 84) or later (93) to simplicity, to a collection of all the pipes in a common case. Whereas a toccata by Muffat or a fugue by Buxte-

hude consists of several clearly divided parts, Bach lets his flow along without any sections. The often bizarre contrasts of stops are reduced to a more uniform overall timbre.

Various forces are at work on the development of the organ. The worship of the Church makes the oldest claims and renews and varies them continually in alternation with the composer. In the Middle Ages the organ plays liturgical pieces alternately with the choir of singers. But already in 1365 there is the report that it is played in a monastery for the consolation of the brethren, this being, therefore, an artistic motive which of course was limited by the cumbersome mode of playing of those times. By the sixteenth century, the now lighter keys have been increased in number so that it is possible to play in several parts and at speed: toccatas, ricercars, motets. The musicians make use of their talents and are carefree enough to transpose secular musical forms, dances and songs to the organ so that the Council of Trent intervenes while the Calvinists destroy the precious instruments as being a Papist abomination. Here the split becomes more obvious which occurs as the organ becomes a more and more richly developed instrument. Once a handmaid of equal importance with the choir, it forces its way more and more to supremacy in the realm of instrumental music not tied down to liturgical melodies.

The enmity between the church government of the different denominations, none of which, by the way, canonically fixed the use of the organ, was not able to hinder the inventive spirit of the organ builders nor to interrupt the long series of composers and players which stretches from Hofhaimer, the Organist of the Emperor Maximilian c. 1500, the Englishman Tallis, the Spaniard Cabezón, the Dutchman Sweelinck, the Frenchman Titelouze, the Portuguese Coelho, the Italian Frescobaldi, the German Scheidt to Couperin, Pachelbel, Muffat, Čzernohorsky, Buxtehude, right up to the master of masters, Sebastian Bach. Not until the change in musical style which sets in in the middle of the eighteenth century and which causes Bach's son Philipp Emanuel to neglect the organ, does its position of dominance begin to waver. Its tone is mechanically limited as regards expressive dynamics, the swelling and decreasing of a single note which the new kind of music revelled in. The concertante organ which was at the centre of Baroque musical practice becomes isolated. It withdraws faithfully to the church service. Even the Calvinists, who condemned it, accepted it into their worship again. Not unintentionally, the elegant chamber organ of the music lover (94) has been placed opposite the pious accompanist of the congregation in the prayer-room (95).

The series of pictures is restricted roughly to the "royal period" of the organ. The display fronts stand before the eye of the beholder as if behind them the corresponding contemporary pipework could sound. Seldom has the latter been preserved unaltered (39). Also, some of the cases depicted no longer exist. The scholar is offered a series which, upon critical examination, he will judge to be only one of many possibilities. The author found it difficult to select from the extensive material, for the collection of which he is indebted to the friendly assistance of the organologists of many countries and the generosity of the publishers. His own organological objections he took more lightly when remembering that he did not want to make a collection of examples for a text-book but to provide a picture-book to delight all those who are interested in, respect, revere and love the organ. He is pleased that the historical sequence of pictures contrasts organs from far-off countries. He is not at pains to make a critical comparison between the achievements of one people and another, but rather to present to the eye a

LAUDAT DOMINUM OMNIS TERRA IN ORGANIS

as a *res christiana*. So one will find cathedral and prayer-room, wooden village church and majestic minster, highest magnificence and simple modesty, side by side. But all these organs in all these different churches have touched the hearts of men with their sound, and continue to do so.

ORGANA DECANTANT CHRISTI LAUDESQUE DECUSQUE
ET RECREANT VARIIS PECTORA NOSTRA SONIS

The author hopes to provide every reader with stimulation and pleasure in the large field of the organ, which he for his part owes principally to three men who appeared on his horizon in 1925 at the beginning of the "organ movement" and to whose memory he dedicates this book: WILIBALD GURLITT † 1963 + FRITZ HEITMANN † 1953 + HANNS HENNY JAHNN † 1959.

The letters in the margin of the text refer to the little Organ ABC.

A LITTLE ORGAN ABC

The organ consists of three parts: the wind supply (bellows, wind trunks, windchests), the pipes, and the mechanism, which is operated from the console. The console contains the keyboards with the keys for the hands
B / F (manual)* and for the feet (pedal)*, is well as the draw stops. The keys and draw stops are connected with the windchest, on which the pipes stand, by means of levers,
K / L compressed air* or electric leads*. The pipes are divided according to their construction into flue pipes and reed pipes. The flue pipe consists of the tube-like pipe body closed at the bottom, all but for a narrow gap, by a block something like the diaphragm, surrounded by the
A upper and lower labium*. Tone production is like in the recorder. The tone colour – Principal (chief pipe), Flute, Viola, etc. – varies according to the size, shape (cylindrical, conical, open, stopped) and material (lead, tin, copper, various kinds of wood) of the pipes. The same applies to the reed pipe, which can be made as a Trumpet, Trombone, Oboe, etc. Pitch and tone colour are determined by a vibrating metal tongue (the reed) and the resonator. Tone production is similar to that of the clarinet. Of each kind (Flute, Trumpet, etc.) there are as many pipes as the manual or pedal has keys. In the so-called Mixtures there are several pipes to each key. Each kind, from the largest to the smallest, from the lowest to the highest pipe, constitutes a stop*. Each key- B
board has several stops. The expedient division and arrangement of all the stops on one or more manuals

Sion/Sitten. Wallis. Schweiz – Valais. Suisse – Valeria-Kirche. ca. 1390/1430

Schwalbennest-Orgel, seit 1430 in der Burgkirche Valeria erwähnt: ab 1687 von Christopher Aeby, Solothurn, erweitert; 1718 fügte Matthäus Carlen, Reckingen, die Pedalpfeifen hinzu. 1954 restauriert von Th. Kuhn, Männedorf. – Swallow's nest organ, mentioned since 1430 in the Valeria church; from 1687 enlarged by Christopher Aeby, Solothurn; in 1718 Matthäus Carlen, Reckingen, added the pedal pipes. Restored in 1954 by Th. Kuhn, Männedorf. – Orgue en nid d'hirondelles, mentionné dès 1430 pour l'église Valère; en 1687 agrandi par Christopher Aeby, Soleure; en 1718 Matthäus Carlen, Reckingen, y ajouta les tuyaux de pédalier. Restauré en 1954 par Th. Kuhn, Männedorf.

Ribe. Danmark. Jylland. Domkirke. 1635

Johann Heide, Flensburg. Rückpositiv 1840 entfernt. 1937 restauriert – restored by – restauré par – von Th. Frobenius, Lyngby. – Chaire organ removed 1840 – Positif démonté en 1840.

and pedal is called the specification. In organ music the pedal mostly takes over the bass part. The pipes are
M housed in pedal towers* on account of their size. By means of the manuals the other parts of the organ are brought into play: the Hauptwerk (Great organ); the
G / N Oberwerk*, which lies above the Hauptwerk*; the Rück-
E positiv* ("chaire" organ) which stands at the back of the player and is always in its own case separate from the
H Hauptwerk; the Brustpositiv*, lying immediately above the console in front of the player and, as it were, in the breast (Ger. *Brust*) of the Hauptwerk; the Kron-positiv* ("crown"-positive), which is situated above the I
Oberwerk. Every department of the organ has its own specification, according to its musical task (full chorus, echo, melodic solo, accompaniment), this specification in turn being adjusted to the total specification of the organ, to which all the stops are related in tone colour and volume. The chief stop, called Principal or Praestant, stands as a visible decoration in the front of the case. Behind it stand the other stops. The number of pipes varies from a few hundred to some thousands, depending on the size of the organ.

ORGUES

Dans l'Antiquité, l'orgue était un petit instrument portatif qui, à la cour et au cirque, servait à la musique profane. L'orgue apporté en 757 à Pépin le Bref par des envoyés de Byzance fut placé dans le palais. L'Eglise romaine, de même que l'Eglise orthodoxe, qui ne tolère que des chanteurs, était tout d'abord hostile à la musique instrumentale. C'est ainsi qu'il fallut attendre longtemps avant que l'orgue ne trouvât l'emploi qui lui revenait dans les églises d'Occident. Mais par la suite, il devint en peu de siècles le plus prodigieux des instruments de musique et on l'appelle le roi des instruments.

L'orgue, par son ingénieuse mécanique et la multiplicité de ses tuyaux, est considéré comme une merveille. Les connaisseurs honorent son facteur, louent son instrumentiste, dissimulé à la vue du public. Le peuple dit: l'orgue joue. C'est comme qui dirait: Le soleil brille, il fait mauvais temps, il pleut. C'est ainsi que le son de l'orgue est mis sur le même rang que les secrets de la nature et les mystères divins. Conformément à sa dignité théologique, le buffet de l'orgue est doté de la même ornementation que l'autel contenant le Saint-Sacrement et la chaire d'où est prêchée la Parole de Dieu. Les peintres, les orfèvres, les sculpteurs sur bois rivalisent d'habileté pour embellir l'instrument, que l'on appelle la seconde chaire, de même que Bach, le plus grand maître de la musique pour orgue, a été surnommé le cinquième Evangéliste.

Les plus anciens buffets d'orgue encore existants aujourd'hui proviennent de la seconde moitié du XIVe siècle. Cet instrument avait depuis longtemps assumé ses fonctions dans les grandes églises lors du déroulement de la liturgie des jours de fêtes. Tant que l'orgue fut placé au milieu des chanteurs, près des stalles, et resta invisible au public, le facteur d'orgues put disposer les tuyaux en hauteur sur le porte-vent et celui-ci sur une boîte portative dont on ouvrait les portes quand l'orgue jouait (5). L'enjolivement de la boîte était l'affaire du peintre. Mais dès que l'on assigna à l'instrument agrandi sa propre place, bien en évidence sur une tribune (15), ou en «nid d'hirondelle» contre le mur de la nef (9), et qu'on le mit par là en rapport avec l'architecture de l'église, la façade visible commença à prendre forme artistique. La disposition assymétrique des tuyaux en une seule courbe croissante est celle qui, pour le facteur d'orgues, présente le plus d'avantages. Mais plus la rangée de tuyaux s'allonge du fait de l'agrandissement de l'instrument, plus son aspect devient problématique. Afin d'adapter le buffet aux dimensions de l'église, on cherche de nouvelles solutions. On répartit les tuyaux en plusieurs compartiments (9) et étages (17), selon une disposition symétrique basée sur la forme pyramidale. De telles pyramides sont placées à côté et au-dessus les unes des autres, parfois la pointe en bas (58), ou même de biais (68). Une autre possibilité pour animer l'ensemble est de placer les bouches
des tuyaux* soit à la même hauteur (9, 17, 19 dans le A
Grand-Orgue*, 22, 30, etc.), soit en sens inverse de la N
pyramide, soit encore en courbe (18, 19 dans le Positif*, E
20, 21). Le forgeron d'art lui aussi contribue à embellir les tuyaux du buffet (17, 20, 31, 33, 81), en coopération avec les peintres et les doreurs qui transforment la bouche du tuyau en la gueule d'une tête imaginaire, ou qui garnissent d'ornements le tuyau sur toute sa longueur (19, 25, 39, 50, 62, 65, 69, 76, 86). Les endroits de la plate-face non recouverts de tuyaux donnent au sculpteur sur bois l'occasion de déployer tout son art. Ces remplissages s'appellent claires-voies (17 etc.). C'est en créant le buffet que le sculpteur sur bois collabore le plus étroitement avec le facteur d'orgues, qui de son côté doit être un génie universel en tant que menuisier, métallurgiste, mathématicien et physicien.

Il sera laissé toute licence au lecteur de se plonger dans les détails de l'ornementation sculpturale, qui varie selon le style de l'époque et les particularités nationales. On va essayer ici de considérer l'aspect global du buffet d'orgue à l'aide de quelques exemples.

On a sans doute déjà remarqué que l'on trouve la disposition horizontale des lèvres des tuyaux, qui constitue une caractéristique d'une idée architecturale dont les racines plongent dans l'Antiquité et se développent au cours de la Renaissance, notamment dans les pays latins: en Italie, à Malte, en Espagne, au Portugal, au Pérou, au Mexique, au Brésil. Cette disposition s'intègre à la structure globale du buffet orienté horizontalement, qui depuis la plus ancienne forme de boîte, se développe davantage en largeur qu'en hauteur. La façade elle-même reste plate. Aux contours simples de ce type «italien» correspond un timbre de flûte régulier dont
les registres* ne sont dirigés que par un seul clavier B
manuel*. C

Quel aspect différent offre au contraire l'orgue de Jutfaas! (20). Dans sa forme extérieure, son buffet jaillit de la boîte carrée comme un choeur gothique entouré d'une guirlande de chapelles. C'est le reniement de la ligne horizontale. La comparaison entre Florence (22)

et Caudebec (23) rend l'opposition encore plus évidente, opposition que l'on peut aussi bien étudier à Lunebourg (25). Cependant, les parties du buffet de Lunebourg proviennent d'époques différentes. Dans Le Grand-Orgue, qui est la partie essentielle, on peut encore apercevoir le carré de l'ancienne forme de la boîte. Mais même là, les lois de l'horizontale, qui sont celles de la Renaissance, sont déjà brisées par la tourelle centrale. Les couronnements constituent une nouvelle confirmation pour le sens de la forme d'un facteur d'orgues qui dresse son oeuvre à l'intérieur d'une voûte gothique et qui n'a pas au-dessus de lui le plafond plat d'une basilique italienne (57). Le Grand-Orgue de Lunebourg
M est complété en 1713 par deux tourelles de pédalier* latérales et le Positif placé dans le dos de l'organiste, dont le visage est tourné vers le Grand-Orgue. Par là, l'orgue devient un orgue composite comprenant plusieurs corps. Un coup d'oeil sur Chartres (24) permet de reconnaître le type, parvenu à son plein épanouissement, de l'orgue composite, mais d'une grande unité de style avec son buffet aux contours encore plus tourmentés. Malgré toute la beauté du type italien, il faut noter que dans le Nord l'on construit des buffets d'orgue qui témoignent de beaucoup plus d'imagination. Ce n'est pas seulement par suite de l'esprit de l'architecture gothique, mais également pour des raisons d'ordre musical. L'invention de nouveaux registres, qui veulent imiter non seulement le timbre de la flûte, mais également celui du chalumeau, de la trompette, du trombone, du violon et de tous les instruments de la fin du gothique et de la Renaissance, y compris la voix humaine, pousse à séparer ceux-ci dans leur disposition. Les tuyaux de basse,
F régis par le clavier de pédales*, sont groupés à part dans des tourelles latérales. Le Positif est opposé au Grand-Orgue en ce qui concerne son timbre. Les efforts en vue de diviser l'orgue en de nouveaux corps de timbres différents et cependant harmonisés au timbre de l'ensemble, conduisent, à l'époque baroque, à entourer le
G / H Grand-Orgue d'un Récit*, d'un «Brustwerk»* (petit Ré-
I cit) et d'un «Kronwerk»* (revers), de tourelles de pédalier et même de plusieurs Positifs (51, 59, 68, 82, 89). A l'aide de trois, quatre, cinq claviers manuels et d'un pédalier, l'organiste dirige tous ces corps. C'est là que se fait entendre une musique beaucoup plus nuancée que dans le type italien du point de vue de la forme et du timbre, comme il apparaît en comparant par exemple les compositions des maîtres Dietrich Buxtehude à Lubeck et Bernardo Pasquini à Rome, qui sont contemporains l'un de l'autre.

Une nouvelle étape d'un genre différent dans l'évolution du buffet d'orgue est constituée par l'orgue double. Dans les églises épiscopales et capitulaires d'Espagne, on construit, à partir du XVe siècle, deux orgues placées l'un dans la travée qui se trouve entre l'autel et l'intersection de la nef, l'autre au-dessus des stalles des chanteurs de l'église. Elles correspondent en tant qu' «orgue de l'Evangile» (côté Nord) et «orgue de l'Epître» (côté Sud) au chant alterné des moitiés du choeur. Chacun des deux orgues possède deux buffets, l'un vers l'avant en direction du vaisseau de l'église, l'autre vers l'arrière en direction du déambulatoire (80). L'étroite surface séparant les colonnes semble pousser la construction vers le haut. C'est sans doute aussi le manque de place qui conduit à inventer le registre de trompettes jaillissant horizontalement du buffet d'orgue, lequel, comparable par sa disposition à la bordée de canons d'un navire de guerre, lance des sons éclatants à l'intérieur d'églises gigantesques (30, 31, 58, 65, 67, 76, 81, 96). On trouve des orgues doubles en Italie (26) de même que dans les cathédrales d'Espagne, du Portugal et de leurs anciennes colonies. Un tel couple d'orgues surpasse en faste et magnificence les orgues d'à peu près tous les pays.

Les besoins liturgiques amènent d'ailleurs à installer au XVIIIe siècle, dans les églises abbatiales de l'Allemagne du Sud, d'Autriche et de Pologne, deux petites orgues au-dessus du maître-autel, à l'Est, en plus de l'orgue principal à l'Ouest. C'est le cas à Weingarten, St. Florian, Leżajsk. (Que nous ne montrons pas dans notre série de reproductions.) Dans le temple protestant, destiné davantage à la prédication qu'à la liturgie, il arrive parfois de rassembler au contraire l'autel, la chaire et l'orgue, placés les uns au-dessus des autres, en un seul ensemble architectural (84). Un coup d'oeil sur Weingarten (82) montre qu'à la même époque l'organier est obligé d'adapter le buffet d'orgue aux conceptions de l'architecture religieuse. Le caractère «tourmenté» du buffet confronte le facteur avec un problème technique complexe. Il lui faut en effet mettre en rapport chaque touche et chaque soupape de tuyau au moyen d'une mécanique à base de liteaux et de fils. Gabler a su incorporer à ce buffet d'aspect fascinant un orgue dont la sonorité lui est équivalente. Celui-ci fonctionnait bien, à l'exception du Récit le plus éloigné de la console, que seule la technique moderne a permis de faire parler correctement.

L'exubérance baroque dans l'architecture du buffet et dans le décor est ramenée tôt (64, 84) ou tard (93) à la simplicité, au rassemblement de tous les tuyaux dans un buffet d'orgue commun. Alors qu'une Toccata de Muffat ou une Fugue de Buxtehude comprennent plusieurs parties, clairement délimitées, Bach laisse s'écouler les siennes sans coupure visible. Le contraste souvent bizarre entre les différents registres est réduit également à une sonorité d'ensemble d'une grande unité.

Diverses forces agissent sur l'évolution de l'orgue. C'est le culte qui, le premier, a formulé des exigences, exigences qui ont été par la suite renouvelées et variées sans cesse, tantôt par l'office divin, tantôt par le compositeur. Au Moyen-Age, l'orgue joue des morceaux liturgiques alternativement avec le choeur. Pourtant l'on sait, par un document de l'an 1365, qu'il a été joué dans une cloître afin de consoler les moines. Il s'agit donc d'un événement artistique, même s'il est limité par le jeu assez lourd de l'époque. Au XVIe siècle, les touches, qui désormais se laissent facilement actionner, se sont à tel point multipliées qu'on peut jouer couramment à plusieurs voix: des Toccatas, des Ricercatas, des Motets. Les musiciens font valoir leur talent et n'hésitent pas à adapter à l'orgue des formes musicales profanes telles que danses et chansons, de sorte que le Concile de Trente intervient, tandis que les Calvinistes détruisent les précieux instruments qu'ils accusent d'être des abominations papistes. C'est ici qu'apparaît le conflit dans lequel est entraîné l'orgue en tant qu'instrument au développement toujours plus riche. Autrefois serviteur mis sur le même pied que le choeur, il impose de plus en plus sa

Escorial. España, ca. 1590

Prozessionsorgel in der Wohnung der Infantin Isabel Clara Eugenia. Gilles Brebos (?) aus Brabant. Pfeifen nicht erhalten. – Procession organ in the residence of the Infanta Clara Eugenia. Gilles Brebos (?) of Brabant. Pipes not preserved. – Orgue de procession se trouvant dans les appartements de l'Infante Isabel Clara Eugenia. Oeuvre de Gilles Brebos (?), originaire du Brabant. Les tuyaux n'existent plus.

domination au royaume de la musique instrumentale qui n'est pas entravée par les mélodies liturgiques.
L'inimitié que lui témoigne le gouvernement de l'Eglise des différentes confessions, dont aucune d'ailleurs n'a donné à l'orgue de statut du point de vue du droit ecclésiastique, n'a réussi ni à freiner l'esprit inventif des facteurs d'orgues, ni à interrompre la longue lignée des compositeurs et organistes. Celle-ci va de Hofhaimer, l'organiste de l'empereur Maximilien, aux alentours de l'an 1500, en passant par l'Anglais Tallis, l'Espagnol Cabezón, le Hollandais Sweelinck, le Français Titelouze, le Portugais Coelho, l'Italien Frescobaldi, l'Allemand Scheidt, à Couperin, Pachelbel, Muffat, Čzernohorsky, Buxtehude et enfin au maître des maîtres, Jean-Sébastien Bach. Ce n'est que le changement de style musical intervenu vers le milieu du XVIIIe siècle, lequel pousse déjà le fils de Bach, Philippe Emmanuel, à négliger l'orgue, qui ébranle sa position royale. La mécanique limite sa sonorité du point de vue de la dynamique expressive, de l'enflement et de la diminution d'un seul son, c'est à dire précisement ce dont la nouvelle musique était éprise. On isole l'orgue de concert, qui à l'époque baroque était au centre de l'exercice de la musique. Il se replie sagement dans l'office religieux. Même les Calvinistes, qui l'avait condamné, le reprennent dans leur culte. Ce n'est pas sans arrière-pensée que l'on oppose l'élégant orgue de salon de l'amateur de musique (94) au pieux accompagnateur du chant de la paroisse dans la salle de prière (95).
Le choix de notre série d'illustrations se limite à peu près à «l'époque royale» de l'orgue. Les buffets d'orgue se présentent au regard du spectateur comme si c'était une tuyauterie de la même époque et de même valeur qui parlait derrière. Ce n'est que rarement que celle-ci s'est maintenue sans subir de modifications (39). En outre, certains des buffets reproduits n'existent plus. Le savant trouvera ici une série qu'il ne considèrera, s'il est d'esprit critique, que comme une possibilité parmi tant d'autres. L'auteur a eu peine à choisir parmi le matériel très abondant rassemblé grâce à l'aimable soutien des organologues de bien des pays et à la générosité de la maison éditrice du présent volume. Cependant, il a accepté plus aisément certaines objections de la part des organologues, à la pensée qu'il ne voulait pas faire une collection d'exemples pour un manuel, mais un livre illustré destiné à la joie de tous ceux qui sont pleins d'intérêt, de respect, de dévotion et d'amour à l'égard de l'orgue. Il se réjouit de ce que l'ordre chronologique des reproductions corresponde à des orgues de pays éloignés. Il ne s'agit pas pour lui de comparer d'un oeil critique les réalisations d'un peuple à celles d'un autre, mais bien plutôt de présenter un

LAUDAT DOMINUM OMNIS TERRA IN ORGANIS

en tant que res christiana. C'est pourquoi l'on trouvera, à côté de la magnifique abbatiale, l'église de village en bois, la salle de prière auprès de la cathédrale, l'humble simplicité face à la plus grande magnificence. Mais toutes ces orgues, dans toutes ces églises différentes de tous ces pays ont, par leur sonorité, ému le coeur des hommes et continuent à l'émouvoir aujourd'hui.

ORGANA DECANTANT CHRISTI LAUDESQUE DECUSQUE
ET RECREANT VARIIS PECTORA NOSTRA SONIS

L'auteur espère que chaque lecteur trouvera, dans le grand royaume de l'orgue, l'enthousiasme et la joie que, de son côté, il doit essentiellement à trois hommes qui lui apparurent en 1925, au début du mouvement organologue et au souvenir desquels il dédie ce livre
WILIBALD GURLITT † 1963 + FRITZ HEITMANN † 1953 + HANNS HENNY JAHNN † 1959.

Les lettres à la marge du texte sont des indications au petit ABC de l'Orgue.

PETIT ABC DE L'ORGUE

L'orgue comprend trois parties: la soufflerie (soufflets porte-vent, sommier), la tuyauterie et le système de traction, actionné depuis la console. La console com-
C porte les claviers destinés aux mains (claviers manuels)*
F/B et aux pieds (pédaliers)*, ainsi que les registres*. Les touches et les jeux sont mis en relation avec le sommier, où se dressent les tuyaux, au moyen d'une méca-
nique à leviers, de la pression de l'air* ou d'un système K
de traction électrique*. Les tuyaux se divisent quant à L
leur construction en tuyaux à bouche et tuyaux à anches. Le tuyau bouché est formé d'un tube de forme cylindrique que la membrane, entourée de la partie inférieure et supérieure de la bouche*, ferme à la manière A
d'un diaphragme, à l'exception d'une fente. Au-dessous

se trouve la base du tuyau. Le son est produit comme dans la flûte à bec. Selon la taille, la forme (cylindrique, conique, ouverte, fermée) et le matériau utilisé (plomb, étain, cuivre, bois divers), on a un timbre différent: Principal, flûte, viole, etc. ... Il en va de même pour le tuyau à anches, auquel on peut donner le caractère d'une trompette, d'un trombone, hautbois, etc. ... La hauteur du son et le timbre sont déterminés par les vibrations d'une languette en laiton et par la calotte. Le son est produit un peu comme dans la clarinette. Pour chaque jeu (flûte, trompette, etc. ...) il y a autant de tuyaux que de touches au clavier manuel ou au pédalier. Avec les jeux de mixtures (ou Fourniture), il y en a même plusieurs pour une seule touche. Chaque type, du plus grand au plus petit tuyau, du plus grave au plus aigu, constitue un registre. Chaque clavier dispose de plusieurs registres. L'ordonnance et la répartition appropriées de tous les registres sur un ou plusieurs claviers manuels ou pédaliers s'appellent disposition. C'est le pédalier qui, la plupart du temps, régit la basse dans la musique d'orgue. Les tuyaux sont disposés, à cause de leur taille, dans des tourelles de pédalier. Ce sont les M
claviers manuels qui actionnent les autres parties de l'orgue: le Grand-Orgue*; le Récit*, placé au-dessus; le N / G
Positif*, qui, disposé dans le dos de l'organiste et séparé E
du Grand-Orgue, est toujours logé dans son propre buffet; le Positif de poitrine*, qui, placé devant l'orga- H
niste et en quelque sorte au coeur du Grand-Orgue, se trouve directement au-dessus de la console. Le «Kronpositiv»* ou Positif de couronnement, placé encore au- I
dessus du Récit. Chaque partie de l'orgue est disposée conformément à sa fonction musicale (sonorité, écho, mélodie, accompagnement) en harmonie avec la disposition d'ensemble de l'orgue. C'est d'après celle-ci que s'orientent tous les jeux quant à leur timbre et leur sonorité. Le jeu principal, appelé aussi Principal ou Prestant, se trouve placé bien en vue, de façon à servir de décoration, en avant du buffet. Les autres registres se trouvent derrière. Le nombre des tuyaux oscille entre plusieurs centaines et plusieurs milliers, selon la taille de l'orgue.

INHALTSVERZEICHNIS – INDEX

Der Verfasser wird stets dankbar sein für Ergänzungen und Berichtigungen der Angaben zu den einzelnen Orgeln. Er empfiehlt als Ergänzung zu der vorliegenden Bildfolge sein im gleichen Verlag erschienenes Büchlein ORGELN, das 48 Orgelfotos aus dem deutschen Siedlungsraum enthält.

The autor will always be grateful for supplementary information about and corrections to the particulars of the individual organs. As a complement to the present picture series he recommends his little book ORGELN (by the same publishers), which contains 48 organ photos from the area of German settlement.

L'auteur acceptera avec reconnaissance les compléments d'information et les corrections que l'on voudra bien apporter aux indications concernant les différentes orgues. Afin de compléter la présente série d'illustrations, il conseille la lecture de son petit recueil intitulé «Orgues», publié chez le même éditeur et contenant 48 photographies d'orgues en provenance des régions de culture allemande.

Salamanca. España. Cathedral vieja. ca. 1370

Das Gehäuse enthielt ehemals 235 Pfeifen, die Ende des 19. Jahrh. entfernt wurden. – The case formerly contained 235 pipes which were removed at the end of the 19th century. – Le buffet a contenu autrefois 235 tuyaux, enlevés vers la fin du XIXe siècle.

Kiedrich. Rheingau. Bundesrepublik Deutschland. St. Valentinus-Kirche. Nach 1493

Unbekannter Orgelbauer. Restauriert von – Unknown organ builder. Restored by – Facteur inconnu. Restauré par – August und Louis Hooghuys, Brügge, 1858/60; Gebr. Oberlinger, Windesheim, 1970/71.

Bologna. Italia. S. Petronio. Epistelorgel. 1470/75

Lorenzo di Giacomo da Prato. Gotische Orgel in barockem Rahmen (1686). Sie erklang 1529 zur Kaiserkrönung Karls V. durch Papst Clemens VII. 1954 restauriert von Tamburini, Crema. – Gothic organ in Baroque case (1686). It was played in 1529 at the coronation of the Emperor Charles V. by Pope Clement VII. Restored in 1954 by Tamburini, Crema. – Orgue gothique dans un cadre baroque (1686). Il joua en 1529 à l'occasion du couronnement de Charles-Quint par le pape Clément VII. Restauré en 1954 par Tamburini, Crema.

Old Radnor. Wales. England. St. Stephen. ca. 1500

1872 Neubau – new instrument – reconstruit par – J. W. Walker & Sons.

Lübeck. Bundesrepublik Deutschland. St. Jakobi. ca. 1460

Chororgel. Brustwerk, Rückpositiv und Pedal 1636–1637 Friedrich Stellwagen. 1945 restauriert von Kemper & Sohn, Lübeck. – Choir organ. Brustpositiv, Rückpositiv and Pedal 1636–1637 Friedrich Stellwagen. Restored in 1945 by Kemper & Sohn, Lübeck. – Orgue de choeur. Positif de poitrine, positif de dos et pédalier construit en 1636–1637 par Friedrich Stellwagen. Restauré en 1945 par Kemper & Sohn, Lübeck.

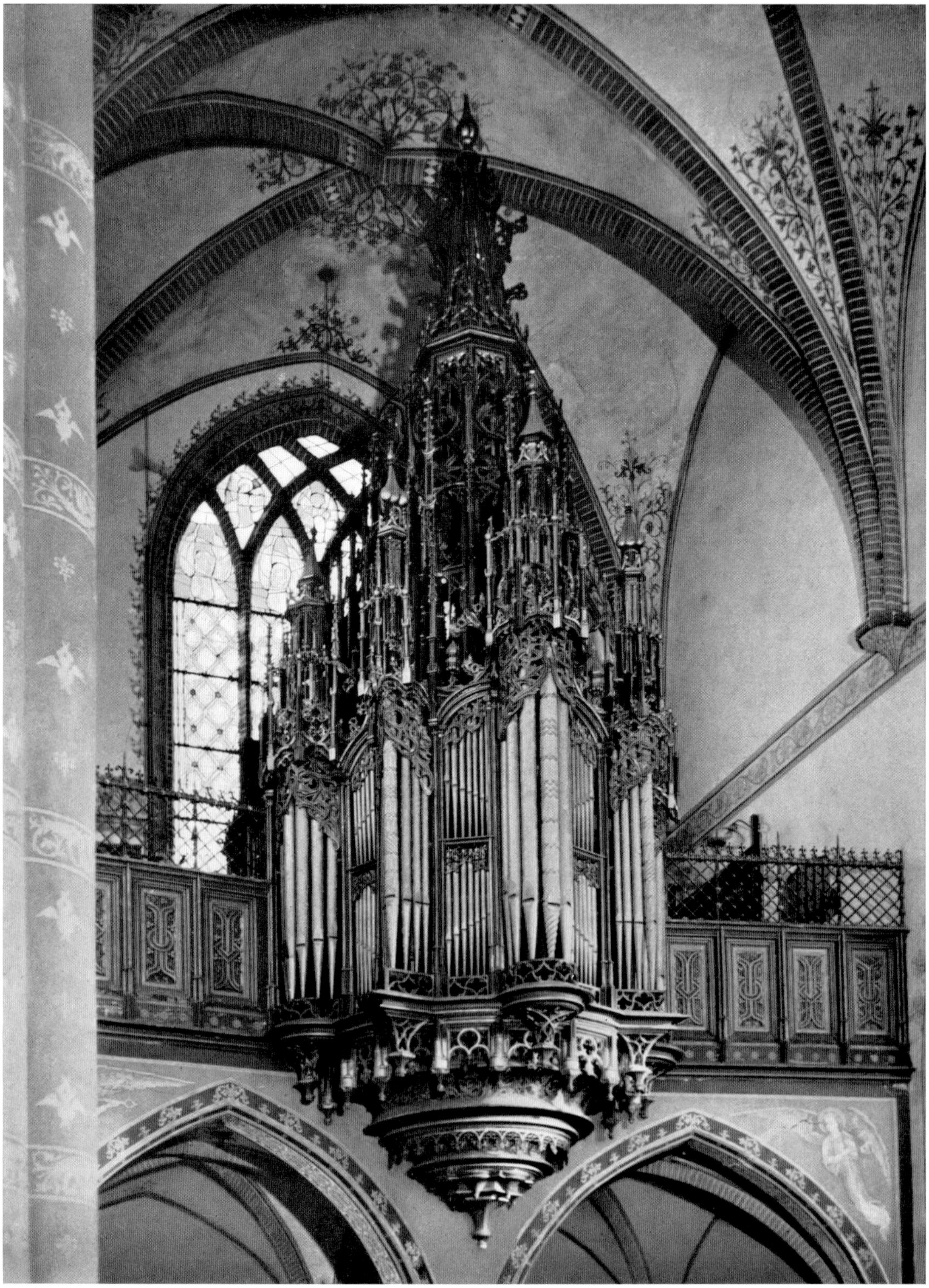

Jutfaas. Utrecht. Nederland. R. K. Kerk. ca. 1515

Johann von Koblenz (?), für Nieuwe Zijdskapel in Amsterdam erbaut, 1895 nach Jutfaas übertragen. 1895 Neubau Maarschalkerweerd, Utrecht. – John of Coblence (?), built for the Nieuwe Zijdskapel in Amsterdam, transferred to Jutfaas in 1895. New instrument in 1895 by Maarschalkerweerd, Utrecht. – Construit par Johann von Koblenz (?) (Jean de Coblence) pour l'Eglise Nieuwe Zijdskapel à Amsterdam. Transporté en 1895 à Jutfaas. Reconstruit en 1895 par Maarschalkerweerd, Utrecht.

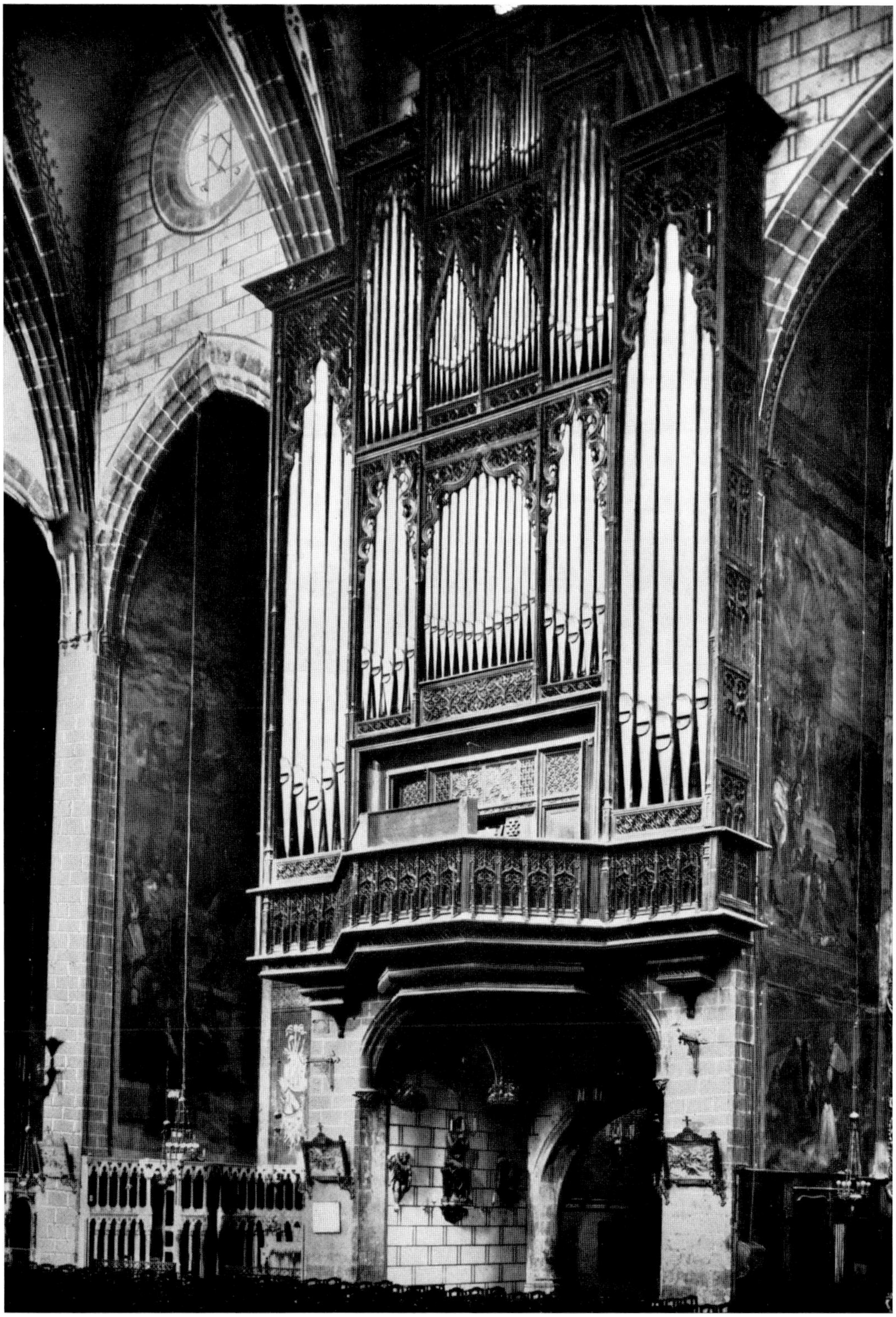

Perpignan. Pyrénées orientales. France. Cathédrale. 1504

Unbekannter französischer oder spanischer Orgelbauer. 1854 restauriert von Cavaillé-Coll, Paris, 1929 von Puget, Toulouse. – Unknown Spanish or French organ builder. Restored in 1854 by Cavaillé-Coll, Paris, in 1929 by Puget, Toulouse. – Oeuvre d'un organier espagnol ou français inconnu. Restauré en 1854 par Cavaillé-Coll, Paris, et en 1929 par Puget, Toulouse.

Firenze. Italia. Basilica della SS. Annunziata. Epistelorgel. 1523

Domenico di Lorenzo, Lucca. Gehäuse – case – buffet: Giovanni d'Alesso.
1773 restauriert von – restored by – restauré par – F. Buonfiglio Vambrè.

Caudebec-en-Caux. Seine inférieure. France. Cathédrale. 1542–1543

Antoine Josseline, Gilbert Cocquerel.

Rückpositiv 1740 Jean-Baptiste et Louis Lefebvre. 1956–1959 restauriert von – restored by – restauré par – Chéron, Mans.

Chartres. France. Cathédrale. 1475. 1542/51

Unbekannter Orgelbauer. Gehäuse – case – buffet: R. Foubert, Jacques Bely.
Restaurierung 1965. – Unknown organ builder. Restoration 1965. – Oeuvre d'un facteur inconnu. Restauration 1965.

Lüneburg. Bundesrepublik Deutschland. St. Johannis. 1551–1553

Heinrich und Nikolaus Niehoff, Jasper Johannsen aus s'Hertogenbosch. 1712–1714 fügte Matthias Dropa Pedaltürme hinzu. 1952/53 restauriert von R. v. Beckerath, Hamburg. – From 1712 to 1714 Matthias Dropa added pedal towers. Restored in 1952/53 by R. v. Beckerath, Hamburg. – En 1712–1714, Matthias Dropa y ajouta des tourelles de pédalier. Restauré en 1952/53 par R. v. Beckerath, Hambourg.

Milano. Italia. Duomo

Links: Evangelien-Orgel – Left: Gospel organ – A gauche: l'orgue d'Evangile –: 1552/59 Gian Giacomo Antegnati.
Rechts: Epistel-Orgel – Right Epistle organ – A droite: l'orgue d'Epître –: 1583–1610 Cristofori Valvassori.
1938 Neubau von – new instrument by – reconstruit par – Mascior und Tamburini.

Prato. Toscana. Italia. S. Domenico. ca. 1650

Luca Romani.

Uzès. Gard. France. Cathédrale St. Théodorit. ca. 1660

Unbekannter Orgelbauer – Unknown organ-builder – Facteur inconnu.

Löwen – Leuven – Louvain –. Belgie. St. Pieterskerk. 1556

Jean Crignon, Bergen/Mons. Rückpositiv 1634. Zerstört – Destroyed – Détruit – 1944.

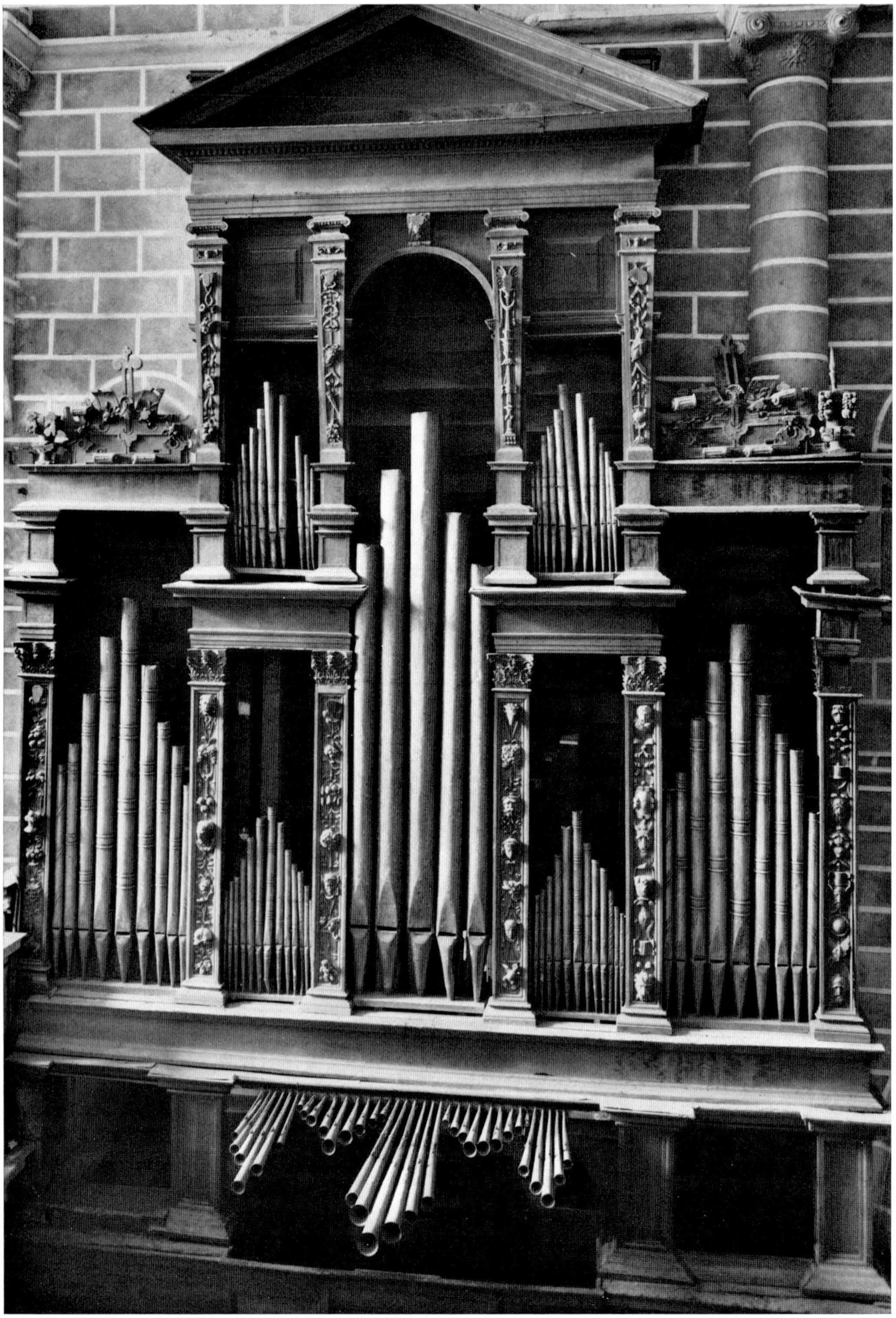

Evora. Portugal. Catedral. 1562

Unbekannter Orgelbauer. Umbau Ende 18. Jahrh. mit Trompeten. – Unknown organ builder. Rebuilt in 18th century with trumpets. – Oeuvre d'un facteur inconnu. Transformé au XVIIIe siècle par l'adjonction de trompettes. – Restauriert 1966 von D. Flentrop, Zaandam – Restored in 1966 by D. Flentrop, Zaandam – Restauré en 1966 par D. Flentrop, Zaandam.

Valencia. España. Catedral. ca. 1575

Unbekannter Orgelbauer. Zerstört. – Unknown organ builder. Destroyed. – Oeuvre d'un facteur inconnu. Détruit.

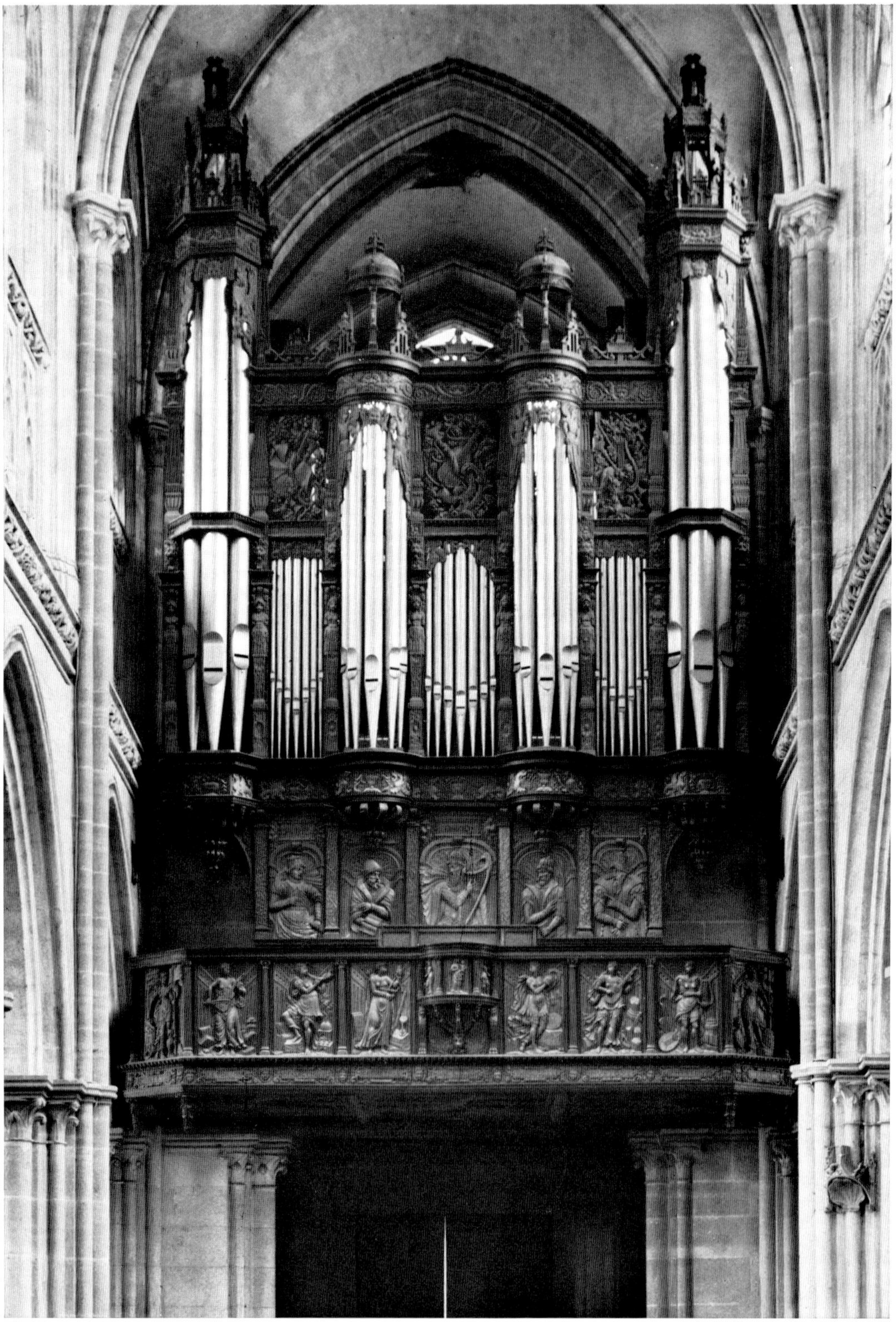

Le Grand-Andely. Eure. France. Notre Dame. 1573

Nicolas Dabenest. 1891 restauriert von – restored by – restauré par – Cavaillé-Coll.

Roma. Italia. S. Giovanni in Laterano. 1597–1599

Luca Blasi, Perugia. Gehäuse von – case by – buffet de – Giovanni Battista Montano, Milano.
1935 restauriert von – restored by – restauré par – Francesco Morettini, Perugia.

Smečno bei Kladno. CSSR. Trinitatiskirche - Church of the Holy Trinity - Eglise de la Trinité -. ca. 1599

Unbekannter Orgelbauer. Rückpositiv 18. Jahrh. Leeres Gehäuse. – Unknown organ builder. Rückpositiv 18th century. Empty case. – Oeuvre d'un facteur inconnu. Positif de dos du XVIIIe siècle. Le buffet est vide.

Lüttich - Luik - Liège. Belgique. St. Jacques. 1600

Nicolaas Niehoff oder – or – ou – Floris Hocque d. Ältere (?)
20. Jahrh.: Neubau – new instrument – reconstruit par – Emile-Henri Kerkhoff, Bruxelles.

Toruń – Thorn. Polska R. L. St. Marien. 1601–1609

Laurentius Weistock, Posen und – and – et – Johann Helwigk, Neustadt i. Holstein.

Riga. Lettland. UdSSR. Dom. 1601

Julius Raab. 1883 Neubau – new instrument – reconstruit par – Walcker, Ludwigsburg.

Cambridge. England. King's College Chapel. 1605–1606

Thomas Dallam. 1686–1710 Neubau – new instrument – reconstruit par – Renatus Harris.
1934 restauriert von – restored by – restauré par – Harrison, Durham.

Hillerød. Frederiksborg. Själland. Danmark. Slotskirke. 1605–1610

Esaias Compenius, Halberstadt. Geschenk des Herzogs Heinrich Julius von Braunschweig an König Christian IV. – Gift from Duke Heinrich Julius of Brunswick to King Christian IV. – Offert par le duc Heinrich Julius de Brunswick au roi Christian IV. – 1895 restauriert von – restored by – restauré par – Felix Reinburg, einem Gesellen von – an apprentice of – un compagnon de – Cavaillé-Coll, Paris.

Tirano. Veltlin. Italia. Santuario Madonna. 1607–1617

Domenico und Tomaso Mearini, Brescia. Gehäuse – case – buffet –: Guiseppe Bulgarini, Brescia, in 11 000 Tagen geschnitzt – carved in 11 000 days – sculpté en 11 000 jours –. Im 20. Jahrh. restauriert von – restored in the 20th century by – restauré au XXe siècle par – Parietti, Bergamo.

Andahuaylillas. Cuzco. Peru. Pfarrkirche – Parish church – Eglise paroissiale –. ca. 1620

Unbekannter Orgelbauer. – Unknown organ builder. – Facteur inconnu.

s'Hertogenbosch. Nederland. St. Jan. 1617–1635

Florentius Hocque, Hans Goldfuß, Galtus-Germer van Hagerbeer. Gehäuse von – case by – buffet de – Frans Simons und – and – et – Georg Schysler. 1953 Neubau – new instrument – reconstruit par – Leon Verschueren, Heythuysen.

Kristianstad. Skåne. Sverige. Trefoldighedskirken. 1628–1631

Johann Lorentz, Kopenhagen. 1961 Neubau – new instrument – reconstruit par – Th. Frobenius, Lyngby.

Cuzco. Peru. Catedral. ca. 1630

Vermutlich von einem niederländischen Orgelbauer in Spanien gebaut. – Presumably built by a Dutch organ builder in Spain.
Sans doute construit vers 1630 par un facteur hollandais vivant en Espagne.

Sopron/Ödenburg. Ungarn. St. Georgsdom. 1633

Johannes Wöckherl, Wien (?). 1957 restauriert von der Staatlichen Orgelbauanstalt Budapest. – Restored in 1957 by the State Organ Works, Budapest. – Restauré en 1957 par la Commission Nationale des Orgues de Budapest.

Paris. France. S. Etienne du Mont. 1636

Pierre le Pecheur. 1956 restauriert von – restored by – restauré par – Beuchet-Debierre, Nantes.

Klosterneuburg. Österreich. Stiftskirche – Abbey church – Eglise collégiale –. 1642

Johann Georg Freundt, Passau. 1950 restauriert von – restored by – restauré par – Rieger (Glatter-Götz), Schwarzach/Vorarlberg und – and – et – Th. Kuhn, Männedorf/Schweiz.

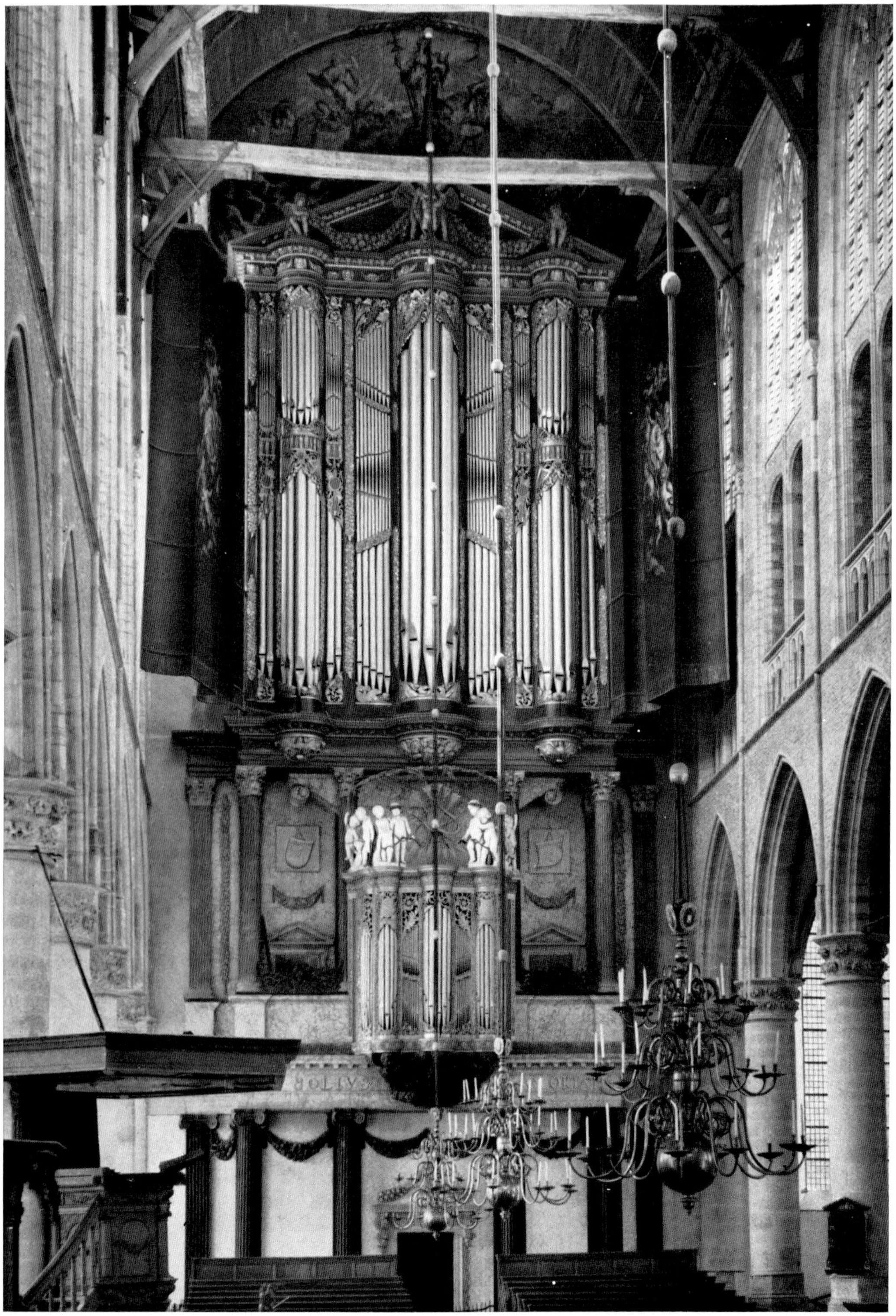

Alkmaar. Nederland. St. Laurentius. 1638–1645

Galtus Germer und Jacobus van Hagerbeer, Levinus Eekmans, Amersfoort. 1723 Erweiterung – extension – agrandi –: Franz Caspar Schnitger, Zwolle. 1950 restauriert von – restored by – restauré par – D. A. Flentrop, Zaandam.

Alkmaar. Nederland. St. Laurentius. 1645

Die Engel des Rückpositivs. – The angels of the Rückpositiv. – Les Anges du Positif.

Celle. Hannover. Deutschland. Stadtkirche - Town church - Eglise communale -. 1651–1653

Harmen Kröger. 1914 Neubau – new instrument – reconstruit par – Furtwängler & Hammer, Hannover.
1948 Umbau – rebuilt – transformé par: H. Hillebrandt.

Tønder - Tondern. Danmark. Kristkirke. 1653

Rückpositiv 1596 Matthias Mahn, Buxtehude. 1685 Erweiterung – extension – agrandi par: Johann Heide, Flensburg 1630; J. H. Wernitzky, Hamburg 1685. ca. 1790 Brustwerk Boy Lorentzen, Bredstedt. 1947 Umbau – rebuilt – transformé par: Th. Frobenius, Lyngby.

Roskilde. Själland. Danmark. Domkirke. 1654

Rückpositiv 1554 von Harmen Raphael Rodensteen-Pock aus den Niederlanden – from Netherlands – des Pays Bas. 1611 Erweiterung von – extended by – agrandi par – Nikolaus Maaß. Neues Gehäuse – new case – buffet nouveau: 1654. 1957 Umbau – rebuilt – transformé par – Th. Frobenius, Lyngby.

Valetta. Malta. Catedrale. 1664

Unbekannter Orgelbauer. – Unknown organ builder. – Facteur inconnu. –
1960 restauriert von – restored by – restauré par – Mascioni und Ralph Downes.

Adlington Hall. Cheshire. England. ca. 1670

Father Smith. 1741 und 1751 spielte Händel die Orgel. In 1741 and 1751 Handel played the organ. – En 1741 et en 1751, Haendel a joué de cet orgue. – 1959 restauriert von – restored by – restauré par – N. P. Mander, London.

Sibiu - Hermannstadt - Siebenbürgen. Rep. Popul. Romïna.
Evangelische Bischofskirche - Evangelical Cathedral - Cathédrale protestante -. 1671/73

Johannes Fest, Neusohl. 1914/15 Neubau – new instrument – reconstruit par – W. Sauer, Frankfurt a. d. Oder, 1932 Umbau – rebuilt – transformé par – L. Wegensteins Söhne, Temesburg.

Pelplin. Gdańsk. Polska R. L. Klosterkirche - Monastery church - Eglise abbatiale -. 1679
Daniel Nitrowski. Bildschnitzer – wood carver – sculpteur –: Maciej Szoller, Gniew.

Napoli. Italia. S. Anna dei Lombardi. 1679

Cesare Catarinozzi. 1904 restauriert von – restored by – restauré par – Lingiardi, Pavia.

Ciudad de Mexico. Mexico. Catedral 1688

José Nasarre

Leżajsk. Rzeszów. Polska R. L.
Bernhardinerkloster - Monastery of St. Bernhard - Monastère bernardin -. 1680/90

Stanislaw Studziński und Jan Glowiński. Original mit pneumatischer Traktur. Außer dieser hat die Kirche noch zwei Orgeln in den Seitenschiffen. – Original with pneumatic action. In addition to this instrument the church has two further organs in the side aisles. – Traction pneumatique d'origine. A part cet orgue, l'église en comporte encore deux dans les absides.

Brugge. Belgie. St. Anna. 1685

Werk von – organ by – construit par – Jacobus van den Eynde, Jeper, 1707–1710.

London. England. St. Paul's Cathedral. 1695–1696

Father Bernard Smith. 1872, 1949, 1960 Neubau – new instrument – reconstruit par – Henry Willis.

København. Danmark. Vor Frelsers Kirke. 1698

Gebrüder Botzen. Gehäuse – case – buffet –: Christian Nerger. 1890 Neubau – new instrument – reconstruit par – A. H. Busch & Sønner. 1939 Umbau – rebuilt – transformé par – Marcussen & Søn, Abenrade.

Praha - Prag - Prague -. CSSR. St. Jakub. 1702/05

Abraham Stark, Elbogen. 1940 Neubau – new instrument – reconstruit par – Jan Tucek, Kuttenberg.

Freiberg. Sachsen. Deutsche Demokratische Republik. Dom. 1710/14

Gottfried Silbermann. Denkwürdig durch die Orgeltagung 1927. – Memorable for the Organ Congress of 1927. – Digne de mémoire à cause du congrès des organologues de 1927. – (Mahrenholz, Heitmann.)

Tuy. Galicia. España. Catedral. 1714

Unbekannter Orgelbauer. Werk verfallen. Der Kopf eines Mauren beugt sich unter den Siegestrompeten des Christentums. – Unknown organ builder. Instrument fallen into decay. The head of a Moor bows beneath the victorious trumpets of Christendom. – Facteur inconnu. L'œuvre est en mauvais état. La tête d'un maure s'incline sous les trompettes victorieuses du christianisme.

Kežmarok - Käsmark -. Zips. CSSR. Pfarrkirche - Parish church - Eglise paroissiale -. ca. 1720

Josef Čajkoŕský. 1894 Neubau – new instrument – reconstruit par – Rieger, Jägerndorf.

Puebla. Mexico. Catedral. ca. 1720

Unbekannter Orgelbauer. Leeres Gehäuse der Evangelien-Orgel. – Unknown organ builder. Empty case of the Gospel organ. – Facteur inconnu. Buffet vide de l'orgue d'Evangile.

St. Urban. Kanton Luzern. Schweiz. Klosterkirche - Monastery church - Eglise abbatiale -. 1716–1721

Josef Bossart, Baar. 1943 restauriert von – restored by – restauré par – Th. Kuhn, Männedorf.

Landeshut. Schlesien. Polska R. L.
Evang. Gnadenkirche. - Evangelical Church of Grace. - Temple protestant de la Grâce. 1724–1729
Ignatius Mentzel, Breslau. Rückpositiv als österreichischer Doppeladler. – Rückpositiv as Austrian double eagle. – Le Positiv a la forme de l'aigle à deux têtes autrichien. – 1882 Umbau – rebuilt – transformé par: Schlag & Söhne, Schweidnitz.

Ebersmünster/Alsace. France. Pfarrkirche - Parish church - Eglise paroissiale -. 1728–1732

Andreas Silbermann. 1939 restauriert von – restored by – restauré par – E. A. Roethinger, Strasbourg.

Brandenburg. Deutsche Demokratische Republik. St. Katharinen. 1725/26

Johann Joachim Wagner, Berlin. 1936 Umbau – rebuilt by – transformé par: Karl und Hans-Joachim Schuke, Potsdam.

Schwaz/Tirol. Österreich. Pfarrkirche - Parish church - Eglise paroissiale -. 1724–1736

Gaudenz Köck und Caspar Hümpel aus Innsbruck.

Gehäuse – case – buffet –: Bartholomäus Alter. 1911 Neubau – new instrument – reconstruit par – Karl Reinisch, Steinach.

St. Katharinenthal/Thurgau. Schweiz. Klosterkirche - Monastery church - Eglise abbatiale -. 1735/41

Johann Jakob Bommer, Weingarten (Thurgau). 1965/69 restauriert von – restored by – restauré par – Th. Kuhn, Männedorf.

Nidaros/Trondheim. Norge. Domkirke. 1739–1741

Johann Joachim Wagner, Berlin. 1929 Neubau von – new instrument by – reconstruit par – Steinmeyer, Öttingen (opus 1500).

Svärdsjö/Dalarne. Sverige. 1738

Daniel Stråhle. 1906 Neubau – new instrument – reconstruit –. 1943 Umbau – rebuilt – transformé en 1943.

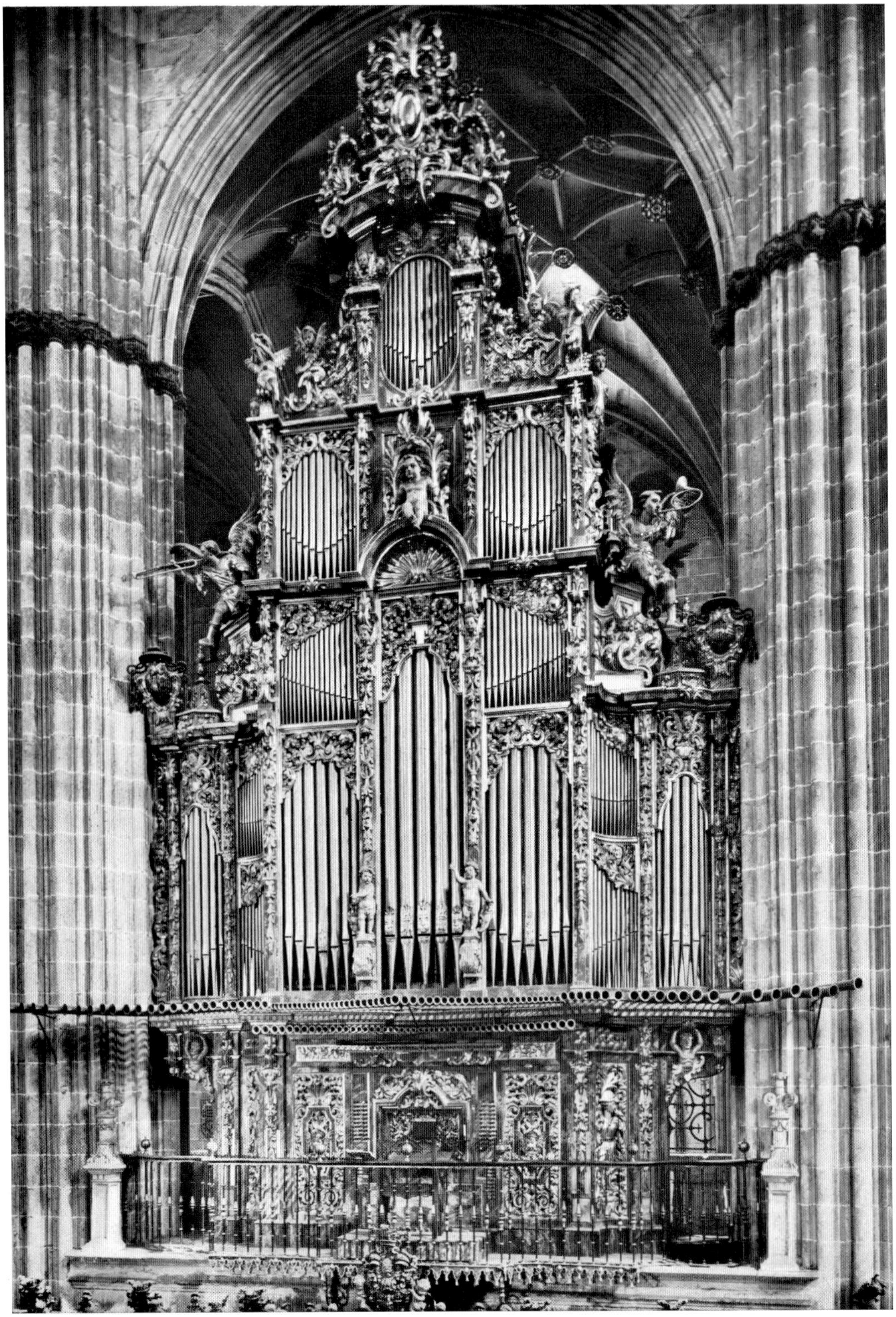

Salamanca. España. Catedral nueva. 1744

Unbekannter Orgelbauer. – Unknown organ builder. – Facteur inconnu.

Brno/Brünn. CSSR. Minoritenkirche Sanctorum Johannum. 1732

Anton Richter, Brünn. Gehäuse – case – buffet: Anton Riga.

Zürich. Schweizerische Anstalt für Epileptische. Toggenburger Hausorgel. 1754

Wendelin Looser, Toggenburg.

Quito. Ecuador. La Merced. ca. 1740

Unbekannter Orgelbauer. – Unknown organ builder. – Facteur inconnu.

Granada. España. Catedral. 1747

Leonárdo Fernández Dávila. Teilweise erhalten. – Partly preserved. – En partie conservé.

Granada. España. Catedral. 1747

Rückpositiv der Evangelien-Orgel – of the Gospel organ – de l'orgue d'Evangile.

Weingarten/Württ. Bundesrepublik Deutschland.
Abteikirche - Abbey church - Eglise abbatiale -. 1737–1750

Joseph Gabler. 1912 restauriert von – restored by – restauré par – Weigle, Echterdingen, 1929: Späth, Ennetach, 1954: Steinmeyer, Oettingen.

Jędrzejów/Kielce. Polska R. L. Klosterkirche - Monastery church - Eglise abbatiale -. 1745

Unbekannter Orgelbauer. Schlecht erhalten. – Unknown organ builder. Poorly preserved. – Facteur inconnu. Mal conservé.

Uetersen/Holstein. Bundesrepublik Deutschland.
Pfarrkirche - Parish church - Eglise paroissiale -. 1748–1749
Johann Dietrich Busch, Itzehoe. 1957 restauriert von – restored by – restauré par – E. Tolle, Preetz.

Tiradentes. Brasil. Pfarrkirche - Parish church - Eglise paroissiale -. ca. 1750

Pfeifen aus – Pipes from – Tuyaux provenant de – Porto, Portugal.

Queretaro. Mexico. Santa Rosa. 1759

Ignacio Casas, Queretaro

Schleiden (Eifel). Bundesrepublik Deutschland. SS. Philippi et Jacobi. 1770

Ludwig König, Köln.

St. Florian. Oberösterreich. Klosterkirche - Monastery church - Eglise abbatiale -. 1774

Franz Xaver Chrismann, Reifenberg bei Görz. 1932/1951 Umbau – rebuild – transformé –: Wilhelm Zika und Sohn, Ottensheim.
1848–1855 war hier Anton Bruckner Organist. –
From 1848 to 1855 Anton Bruckner was organist here. – De 1848 à 1855, Anton Bruckner y a été organiste.

Ochsenhausen/Württ. Bundesrepublik Deutschland.
Klosterkirche - Monastery church - Eglise abbatiale -. 1751–52

Joseph Gabler. 1939 restauriert von – restored by – restauré par – Reiser, Biberach, und Walcker, Ludwigsburg. Denkwürdig durch die Orgeltagung 1951. – Memorable for the Organ Congress of 1951. – Digne de mémoire à cause du congrès des organologues de 1951. – (Supper, Quoika.)

Ottobeuren/Bayern. Bundesrepublik Deutschland.
Abteikirche - Abbey church - Eglise abbatiale -. 1757–1766

Karl Joseph Riepp, Dijon. Dreifaltigkeitsorgel – Trinity organ – Orgue de la Trinité –.
1914 restauriert von – restored by – restauré par – Steinmeyer, Öttingen.

Porto. Portugal. Catedral. 1727

Unbekannter Orgelbauer. – Unknown organ builder. – Facteur inconnu.
Gehäuse – case – buffet – der Evangelien-Orgel – Gospel organ – orgue d'Evangile: Luis Pereira da Costa.
1969–1971 restauriert von – restored by – restauré par – Flentrop, Zaandam.

Tihany/Plattensee. Ungarn - Hongrie -. Klosterkirche - Monastery church - Eglise abbatiale -. 1765

Salzburger Meister (?). 1964 Neubau Staatliche Orgelbauanstalt Budapest. – Salzburg master (?) New instrument 1964 by State Organ Works, Budapest – Maître-organier de Salzbourg (?). Reconstruit en 1964 par la commission nationale des orgues de Budapest.

Philadelphia. USA. Christ Church. 1766

Philip Feyring. Neubau · New instrument – reconstruit par – Ernest M. Skinner.

Bologna. Italia. Collegio di Spagna. ca. 1790/1800

Gioacchino Pilatti. Gehäuse – case – buffet: Giuseppe Armorini.
1960 restauriert von – restored by – restauré par – Piccinelli, Bergamo.

Spring City/Pennsylvania. USA. Zion Church. 1791

David Tannenberg aus Sachsen, Enkelschüler von Gottfried Silbermann. – David Tannenberg from Saxony, pupil of a pupil of Gottfried Silbermann. – David Tannenberg, originaire de Saxe, élève d'un disciple de Gottfried Silbermann.

Lissabon – Lisbonne - Lisboa -. Portugal. Catedral. ca. 1780

Unbekannter Orgelbauer. Gut erhalten. – Unknown organ builder. Well preserved. – Facteur inconnu. Bien conservé.